KB272655

억수로 좋네 마흔

국립국어원 맞춤법을 따르되, 글맛을 살리기 위해 대화 등 일부는
지은이 고유의 표기를 반영합니다.

억수로 좋네 마흔

널 위한 날들

강원석

손끝으로 하늘을 가리켜 봐

그곳에 별이 있을지도 몰라

발뒤꿈치를 살짝 들어 봐

더 큰 세상이 보일 거야

움츠리고 있으면

아무 일도 일어나지 않아

햇볕이 좋을 때

한 발짝 내디뎌 보는 거야

봄날 꿈틀거리는

저 새싹처럼 말이야

*시집 [너에게 해 주고 싶은 말]

"한 발짝 내디뎌 보자.
봄날 꿈틀거리는 저 새싹처럼."

50 중반의 나이에 삶을 뒤돌아보니, 지금 이 나이가 좋긴 하지만, 제일 아름다웠던 때는 마흔 시절이 아니었나 싶다. 열정도, 체력도, 일도, 꿈도, 과하지도 않고 덜하지도 않은, 가장 적절한 시기였다. 마흔을 들여다보면 지나온 삶이 보이고, 살아갈 날이 보인다. 그래서 마흔은 지난 삶의 흔적이기도 하지만, 남은 삶의 미래이기도 하다.

이남미 작가의 신작 『억수로 좋네 마흔』, 이 책의 제목만 봐서는 마흔을 위한 책처럼 보이지만, 마흔을 기다리는 서른도, 마흔처럼 살고 싶은 쉰도, 모두 읽으면 좋을 책이다. 이남미 작가는 전

문 방송인으로 재능과 재치와 재담이 뛰어난 사람이다. 누구보다 치열하게 마흔을 살면서, 삶을 사랑하고 또 가꾸어 나간다. 커리어 우먼으로, 가정과 일터에서 꽃처럼 향기로운 일상을 보내는 그녀이기에, 이 책이 더 읽고 싶어진다.

여성이 쓴 책이라고 여성만 읽으란 법은 없다. 남성도 여성을 위해 이 책을 읽고 선물해 보자. 서로를 이해하고 존중하는 데 도움이 되지 않을까. 마흔에도 열심히 꿈꾸는 분들에게 『억수로 좋네 마흔』을 권한다. 늦은 나이란 없다. 나도 47세에 공직생활 접고, 시인이 되었다. 마흔은 아직도, 어둠을 걷어내고 떠오르는 태양 같은 나이다. 움츠려 있지 말고, 햇볕이 좋을 때, 한 발짝 내디뎌 보자. 좀 더 멋진 나를 위해, 봄날 꿈틀거리는 저 새싹처럼 말이다.

강원석 시인 / 법학박사

1. 성격

히딱 디비지겠네	013
인자 고마해라	018
그카이 그카지	023
응가이 하자	029
그만 쪼아라	033
내도록 짤리산네	038
고마쫌 나나라	044

2. 위로

니 그거 아나	053
지기주네	058
갈 때 있어 좋은 기라	063
이기먼데?	068
머들따보노?	074
니 게안나?	080

3. 인간관계

고마 잘 넝가라	089
니 어덴데?	095
절로 가라	100
생긴 대로 사십쇼	105
아따 대다	110

4. 자기관리	마이 비잡네	119
	쪼매만 있어바바	125
	그마이 좋나?	130
	대 죽겠다 고마	136
	인자, 알 때 안 됐나?	142
	니 쪼 대로 해라	148
	옥수로 새첩다	155
5. 미래	이자뿌지마라이	163
	지대면 어데 자빠지나?	168
	얼반 지기네예!	174
	저마이 무디나?	180
	내는 딱 고까진기라	185
	떠거븐 눈물이 항그난다	192
	그까이꺼	198
	째뿌라	204
	인자 알아보지 머	210
에필로그	에필로그- 마흔 지기주네!	217

01.

성격

많은 화 끝에 얻어지는 건 주위 사람들의
심장병이요, 잃는 건 내 이미지요, 인간관계니까.

히딱 디비지겠네

"파이어"

나는 그야말로 열정의 아이콘, 매일 화를 내거나, 불같이 열 받거나, 하는 일이 연속이었다. 친구들은 나를 아니까, "또 시작이다." 그랬고, 엄마도 내가 열 받으면 나를 피하는 편이었다. 이 불같이 무서운 성격은 아버지를 닮았다. 아버지는 눈이 크고 아름다운 편인데 난 작디작은 엄마 눈을 닮았다. 저런, 우리 엄마는 얼굴형이 진짜 이쁜 편인데 난 아빠 얼굴형을 닮았다. 가족이나 다른 지인들은 내가 어릴 때 엄마 아빠에게 말했다.

"둘째 낳아, 둘째 낳으면 대박 일 건데."

어릴 때 무슨 의미인지 몰라도 대충은 알 것 같았다. 친한 선배는 내 결혼식 때 드레스 입은 내 얼굴 이야기는 안 하고 "어머니 진짜 미인이

시네! 진짜 고우시네."를 연발했다. 환장할 노릇. 이것도 내가 뭐 파이어를 달고 사는 원인이었겠지.

아무튼 큰 눈만큼 큰 다혈질인 아버지, 그 밑에 작은 다혈질 내가 있었다. 생각해 보면 뭐든지 화가 났던 것 같다. 내 뜻대로 되지 않는 공부를 지나, 내 뜻대로 되지 않는 남자 친구, 내 뜻대로 되지 않던 20대의 방황하던 인생까지.

계속 화를 내도 달라지는 건 하나도 없었다. 나만 비참할 뿐. 누군가 "제 왜 저렇게 화를 내?"라고 쳐다보면 나는 쪽팔려서 울었다. "그래, 내 팔자가 그렇지. 흑흑."하는 신세 한탄의 얼굴로 울었다. 그 당시 나의 등을 많이 두드려 주던 가까운 친구 박 양, 김 양에게 감사의 마음을 이제 와서 표한다.

그런데 생각해 보면 이 '화'가 도움 되는 것도 있었다. 너무 화를 잘 내고 또 나와 똑같은 화를 내는 아버지 밑에서 자라다 보니, 어느 순간 나이를 먹고 화내는 사람을 이해하게 되었다. 나는 20년 넘게 방송국에서 TV 진행자로, 라디오 DJ로 근무 중이다. 같이 일하는 피디들 중에 감정을 주체 못하고 "왜 이래? 이거 안 되노?" 하고 버럭 화를 내는 사람을 보아도 나는 아무렇지 않다.

그 사람의 마음은 지금 뭐 어쩌자는 것이 아니고, 자기한테 화를 내고 있는 것이란 걸 알기 때문이다. 그 마음이 밖으로 분출되는 것이다. 속상한 건 옆에 있는 사람들이 가만히 있다 불똥을 맞는다는 것. 그렇게 화를 내는 피디들 앞에서 나는 멀쩡하지만, 다른 작가들은 울거나, 너무 놀라 심장을 부여잡는 경우들이 생긴다.

"언니 왜 안 놀라요?"라고 동료들이 묻는다.

"나? 나 같아서. 아니, 우리 아부지 같아서… 그래서 화가 안 나네…."

난 쫄지 않았다. 전혀 쫄지 않고 차근히 피디님께 상황을 설명했다. 이상하게 나 같은 사람이 화를 내면, 나는 화를 안 내고 설명한다. 그리고 화를 많이 내는 사람은 상대가 목소리를 낮추면 오히려 자기가 당황한다. 나도 그랬거든.

라디오를 진행할 때도 청취자 중에 가끔 선물이 안 왔다고 불같이 화를 내시는 분들이 있는데 나는 그때도 아주 온순한 양으로 변한다.

"네, 청취자님 너무 마음 상하셨죠. 확인해 보겠습니다." 그 사람은 선물이 오지 않아 제작진에게도 화가 났지만, 본인이 엄청나게 기다렸다는 걸 어필하는 것이다.

지금 글을 쓰며 생각해 보니, 쓰고 보니 나 많이 자랐네. 아니, 자란 건 아니고 늙어가는 중인데 이제 깨달은 거네. 무튼 많은 화 끝에 얻어지는 건 주위 사람들의 심장병이요, 잃는 건 내 이미지요, 인간관계니까. 날이 갈수록 화가 늘지 않고 오히려 "그래 그럴 수도 있겠네, 그래, 오죽하면 그랬겠니?"하고 다시 한번 생각해 보는 기회가 되어서 나이 듦이 초큼 아주 초큼(?) 억울하지 않다. 혹자는 이남미 성격 많이 죽었네, 하는데. 그건 또 애 낳으면 한풀 꺾이는 것도 있으니, 죽은 건 아니고, 죽여가며 사는 거지. 그게 서로 행복한 거라는 걸 이젠 아는 나이니까.

히딱 디비지겠네 : 열받아서 넘어가겠다는 뜻의 경상도 말. 표준어로는 "정말 화가나." "속에 천불나." 등이 있다.

인자 고마해라

깊이 박힌 상처는 잘 잊히지 않는다. 잊으려고 해도 잊히지 않는 일들이 있고 어떤 장소나 사람, 이름만 떠올려도 괴로운 날들도 있다. 인간은 망각의 동물이라는데 10년 전 이야기도 들쑤셔 부부싸움을 할 수 있는 걸 보면 망각이 아닌 무서운 동물임이 틀림없다. 시간이 지날수록 잊는 게 도움이 되는 나이가 되어간다. 그 이유는 내 정신건강에 좋다. 오래 붙잡고 있어봤자 나만 아플 뿐이니까.

나에게도 상처가 많았다. "너는 방송할 얼굴은 아닌데."라며 20대 때 내 곱지 않은 외모에 상처 준 피디, 나와 같이 일하는 동료이자 친한 언니인 줄 알고 절친이라 생각하며 지내며 내 모든 걸 이야기할 만큼 가까웠는데, 돌아보니 나만 광어 잡고, 멸치 잡는 힘든 촬영만 하고 있었다. 내가 배 타고 낚시하는 촬영만 할 때, 가장 편한 일을 하게끔 시스템을 만들어 놓은 가짜 절친. 덕분에 나는 지금도 뱃멀미 따위는 없다.

여러 일들로 인해 사람을 믿기 힘들었고, 어떻게 해야 할지 몰라 괴로운 날들이 정말 많았다. 가만히 앉아 있기만 해도 상처가 다시 올라와 울기도 많이 울었었다. 일부러 털어내려고 상차를 더 많이 말하고 다닌 적도 있었다. 털어내려고 부단히 애써 왔던 것 같다. 하지만 모든 상처가 쉽게 치유되지는 않았다. 상처가 곪을 때마다 혼자 더 아팠다.

친구는 연애 시절 상처를 많이 받았다고 했다. 나쁜놈과 헤어지고 지금의 남편과 결혼했는데도, 다른 대상인데도 그때의 상처 때문인지 자꾸 작아지는 것 같다고 했다. 상담을 받았을 때,

그때의 마음 치료가 다 아물지 않았기 때문에 지금도 다른 사람을 대할 때 그런 마음이 올라오는 거라고 했단다. 여전히 상처가 남아 있는 것이다.

계속 상처받은 일이 꼬리를 문다면, 생각만 해도 너무 힘들 것 같다. 반복되는 상처의 생각은 나를 더 작아지게 만든다. 하지만 그것 역시 다 지난 일이다. 우리는 이미 마흔을 지났다. 시간은 정말 빠르다. 예전의 것들을 끌고 가기엔 우리도 충분히 살 만큼 살았단 말이다. 앞으로 그럴수록 우리만 더 힘들어질 뿐이다. 털어버려야 더 빨리 다른 것들을 받아들일 수 있다. 나만 힘든 일을 언제까지 견디며 살아야 할지 자신을 괴롭혀서는 안 된다.

어떤 책에서 마흔이 넘어서도 부모 탓을 하면 본인에게 문제가 있는 거랬다. "왜? 나도 이제 먹을 만큼 먹었거든." 그리고 이쯤 되면 우리는 우리 갈 길을 가야 한다. 나이가 몇 개인데 이제 와서 모든 것이 부모 아래에서 결정되는 것처럼 말할 나이는 아니라는 것이다. 물론 지금도 우리는 부모에게 영향을 받고, 앞으로도 받을 것이다. 하지만 그것 때문에 지금의 내 현생을 원망하며 살기엔 시간이 너무 부족하다. 좋은 것만 봐도 모자란 시간이고, 아까운 매일인데 돌아보면 분명히 후회될 것이다. 그때 그것 때문에 시간 낭비하지 말걸, 그때 그 마음 때문에 내 소중한 주위를 못 봤네, 하고 말하게 될 것이다. 생각해 보면 잘 지내는 것보다 못 지내는 게 더 어렵다.

그 말을 갈수록 더 실감하게 되는 것 같다. 잘 지내면 내 마음도 편하고 아무 힘듦이 없는데 누가 밉기 시작하면 그날로부터 너무너무 불편하니까. 계속 생각이 나고 신경 쓰이고 마음이 그쪽으로 가니까. 좋아하는 마음이 커지면 내 시간을 다 빼앗겨도 행복한 것처럼, 싫어하는 마음 역시 모든 마음을 가져가 나를 힘들게 하게 되는 거니까. 나의 일상을 덮어버리니까.

우리 이제 좀 잊을 것은 있고, 털어버릴 것은 털어버리고 그렇게 지내자. 그때 나에게 상처를 줬던 사람도 서툴렀고, 나 역시 잊는 게 서툴러 힘들었던 것처럼, 이제는 정말 누구 탓 누구 때문에 말고, 나를 위해 나 때문에 즐겁게 방향을 바꾸자. 그러면 훨씬 앞으로가 즐거워질 거야. 그냥 내가 "예전에 이런 상처가 있었어."라고 넘길 수도 있어야 더 행복해질 거야.

인자 고마해라 : 인자는 이제의 의미, 고마해라는 그만이라는 뜻이다. 표준어로 "이제 그만했으면 좋겠어." "이제 그만좀 해."라는 의미다.

그카이 그카지

유독 예민한 사람이 있다. 나이 들었는데도 까칠하고, 왠지 모르게 불편하다. 말을 걸면 날이 곤두서 있고, 금방이라도 싸울 듯이 대한다. 내가 웃으며 말해도 상대는 전혀 웃지 않는다. 나한테 기분 나쁜 게 있는 건가? 아니, 그 사람 스스로 기분이 나빠져 있는 거다. 나한테 왜 이러는 거야? 싶다가도 무슨 이유일까? 궁금해지기도 한다. 그러다 보면 그냥 그 사람 자체가 그런 사람이라고 생각하고 아예 선을 긋는 사람도 있을 것이다.

여러 사람을 상대하는 직업 특성상, 처음 만났을 때 나를 까칠하게 대하면 나는 오히려 그 사람에게 더 오버하며 다가간다. 말 더 많이 걸고, 더 많이 웃는다. 가식적으로 보일 수도 있지

만, 그 사람의 의중이 정말로 알고 싶기 때문이
다. 물론 나도 처음에는 선을 긋는 쪽이었다. 저
인간은 별로다. 라고 정리하는 편이었는데. 그런
데 어느 순간, 이유 없는 까칠함은 없다는 걸 알
게 됐다.

내가 자주 가는 한의원에는 일단 프라이버
시가 없고 모두가 침대 옆이 훤히 보이는 자리
에 다들 누워있다. 그곳에 가면 한의사 선생님만
큼 오래된 간호사 선생님들이 계신다. 선생님과
몇십 년 일한 간호사분들은 반 한의사에 가깝다.
가장 나이가 많으신 간호사 선생님은 그렇게 환
자가 오면 호통을 친다 "제때와야 안 아프지 다
아프고 와서 빨리 낫길 바라나? 양심이 있나?"
"침이 아프지. 그럼 간지러울 줄 알았나! 엄살 좀
부리지 마라." 사실 이 말만 들으면 얼마나 무례
한가.

그런데 듣고 있으면 정감도 있고, 어떤 날은

좀 과하시네 싶다. 나쁜 사람은 아닌 것 같은데 늘 날이 서 있다. 어느 날, 다른 환자와 이야기하는 걸 우연히 들으니 "내 인생에 내 시간이 없잖아. 내가 아직 아흔 먹은 시어머니 모시고 있는 거 모르나?"라며 넋두리를 하는 것을 들었다.

그래, 그분은 정말로 자신의 시간이 없겠구나 싶었다. 하루 종일 일하고 돌아가면 또 어르신을 모셔야 하니, "어디서도 자신은 보호받을 틈이 없겠구나."하는 생각이 들었다. 그러니 말도 이쁘게 안 나오고 몸도 힘든데 누군가를 돌보아야 하는 그 마음이 오죽할까. 그분의 날 선 까칠함이 이해되는 순간이었다.

같이 일하는 촬영 감독님 중에 유독 늘 말투가 화가 나 있는 분이 있었다. 나를 싫어하나 그럼 날 왜 섭외했지? 의아했다. 사실 촬영할 때마다 조금 불편했고, 다가가기 어려웠다. 기분 상한 말들도 많았다. 그런데 몇 회가 지나자, 조금씩 마음을 여시는 것 같았고, 속 이야기를 우연히 할 기회가 생겼다. 몇 년 전 아이를 잃었다고 하셨다. "난 그 뒤로 잘 울지도 않고, 누구도 믿지 않아요. 그냥 살아요." 그 말을 듣는 순간, 역시 어떤 말로도 위로할 수 없었다.

드라마 대사 중에 누구나 인생에 자신만의 무거운 돌멩이 하나씩은 주머니에 넣고 살아간다는 말이 생각난다. 그래, 겉으로는 모두 열심히 일하고 매일을 살아나가고 있지만, 나 역시 내가 해결할 수 없는 문제들이 우리 안에 존재한다.

그 문제는 때로는 아주 작은 것 같아서 잊고 살거나, 애써 잊어버리려 하거나 감추고 살 수 있지만 무심코 나도 모르게 튀어나오는 가시 같은 말들은 결국 나를 찔러 다시 돌아오기도 한다. 감추지 못하는 데는 그 사람이 이상해서가 아니라, 그만큼의 상처가 있어서 인지도 모른다.

물론 자신의 상처로 다른 사람을 괴롭히거나 무례하게 구는 것은 분명히 잘못된 일이다. 하지만 조금만 돌아보면, 그 사람들은 누구보다 외로웠을지 모르고, 사람을 대하는 게 더 어려웠을지 모른다. 늘 우리가 그들의 마음을 안아줄 수는 없지만, 때론 내가 마음에 여유가 있을 때 그저 조금 받아주면 어떨까. 무엇을 하는 게 아니라 그저 들어주거나 그럴 만한 이유가 있었겠구나, 그래서 그렇게 행동했던 거구나. 하고 욕하지 말고, 그냥 바라봐 주면 어떨까? 그저 마음이 너무 힘들어서 말이라도 세게 하지 않으면 버틸 수 없을 만큼 여유가 사라진 게 아닐까 하고, 조금만 기다려주면 어떨까.

물론 나도 더 어릴 때는 그런 사람이 아니었다. 뒤에서 엄청나게 욕하고 나한테 왜 이래? 불같이 화를 내기도 했다. 그런 화가 누그러들었다는 것만으로도 감사하다. 직접 겪어보지 않으

면 알 수 없는 아픔을 같이 공감할 수 있는 것만
으로도, 우리는 서로에게 조금 더 행복한 존재가
되지 않을까. 그럴만한 이유가 있나 보다, 하고
넘기는 것만으로, 나는 누군가에게 위로가 되는
존재일지 모른다. 갈수록 세상은 더 외로워지고
있으니까.

그카이 그카지 : 그러니까 그렇게 (행동을) 하지라는
뜻의 경상도 사투리. 그런 행동을 하는 데는 이유가
있다는 뜻으로 말할 수 있다.

응가이 하자

워킹맘인 나는 늘 집에 없어서 아들과는 폰팅을 한다. 가끔 영상 통화가 오는데, 정말 아저씨 같은 자세로 턱에 휴대폰을 갖다 대고 콧구멍을 보여줄 때면, 나를 닮았다는 게 그것도 꽤 많이 닮았다는 게 조금 속상하다. 아들 미안.

그래도 내 얼굴보다는, 내 버전이 남자로 태어나면 좀 낫다는 걸 느낀다. 아들은 학교에서 나름대로 인기도 있고, 여자 친구들도 집에 자주 놀러온다. (자식 자랑, 바보. 미안해요.)

엄마가 나가서 일하는 특권을 우리 아들은 아주 엄청나게 누리는데, 주로 자신이 외식 메뉴를 정하거나 저녁 메뉴를 우리에게 오더를 내리는 편이다. "엄마가 지금 집에 없으니 할머니 힘들게 하지 말고 시켜줘!" 이 안에 내용은 일단 할머니에게 먼저 오늘 메뉴가 무엇이냐 물은 후, 할머니가 자신이 원하지 않는 시원찮은 메뉴를 한다고 말했을 때 나에게 전화하는 것이다. "할머니 메뉴 맘에 안 드니까 엄마가 시켜. 내가 먹을 밥 말이야." 아주 고도의 지능이란 잔머리만 빼다 박았다.

어느 날 저녁 나는 무척 바쁘게 녹음을 마치고 다음 생방송을 준비하고 있었다. 마음이 분주한데 아들에게 전화가 왔다. 빨리 메뉴를 좀 결정을 해주면 내가 바로 주문을 넣을 텐데 이거저거 고민하고 있고 친정엄마 역시 메뉴를 고르지 못하고 있는 눈치였다. "아니, 나 바쁜데, 메뉴 좀 빨리 정하면 안 될까? 아무거나 먹지."라고 다혈질을 일발 장전했다. "엄마! 제발 화내지 말고, 엄마가 시켜주니까 돈 쓰는 거니까 우리가 신중하게 고르는 거 아니야? 화를 내지 말고 일단 좀 들어 봐." 순간 쿵 하고 한 대 얻어맞은 것 같았다. 고작 그때 아홉 살, 십 년도 살아보지 않은 녀석이 사십 년을 넘게 산 나에게 진짜 안타깝다는 듯 한숨까지 쉬며 내뱉는 한마디에 나는 좌절했다. "나는 아직 멀었구나."하고 반성했다.

"미안하다. 엄마가 미안 조금 바빴네." 1초 만에 사과했다. 그렇게 누가 화내면 싫어했으면서, 바로 자식의 밥을 해주지도 못하면서 메뉴 하나 빨리 고르지 못했다고 신경질 부리는 내가 더없이 바보같이 느껴졌다. 그래, 중요한 건 먹고 사는 것 중에 먹는 건데 말이야. 먹는 것보다 일이 중요했으면 "살고 먹는다."라고 했겠지. 왜 "먹고 산다."라고 했겠어! 뭐니 뭐니 해도 먹는 것이 일 번인 것을! 오늘도 아홉 살 난 자식에게 배우며 생각한다. 그래도 네가 있어 참 다행이다. 이제 사십 년쯤 살았다고, 인생을 다 안다고, 실수 따위는 잘 하지 않는다고 여기는 이 나이에 너에게 배울 수 있어서.

아직 아들에게 휴대폰을 사주지 않았다. 게임 시대에 어차피 주구장창 게임을 할 테고 휴대폰에 더 노출되는 게 싫어서. 근데 요즘 엄청 사주고 싶다. 잉? 엄마가 사주고 싶다니 뭐가 이상하지 않은가? 응 난 이상하다. 엄청 아들이랑 톡이 하고 싶다. 너무너무 저 잔망스러운 입에서 뭐라고 말할지 궁금하고 사랑의 문자를 주고받고 싶다. 의미 없는 톡을 매일 나누고 싶다. 남편이랑 셋이 단체 창도 열어서 개그도 치고 싶다. 내가 좋아하는 잔망루피 이모티콘도 막 보내고 싶다. 가슴속에 소망하나 담아두며 철없는 엄마는 오늘도 참는다.

아마 휴대폰 생기면 내 문자는 씹어 버리겠지. 몇 년만 있으면 저 아이도 사춘기니까.

응가이 하자 : 적당히 하라는 경상도 사투리. 표준말로는 "적당히 해." "그만하면 됐지 않았니." 등의 말이 있다.

그만 쪼아라

내 별명은 20대 내내 '안달복달'이었다. 그야말로 안달복달형. 뭐든 잘하고 싶어 매일 나를 쪼으는 스타일. 경상도 말로는 '디비쪼은다'고 한다. 오징어를 굽듯이 온몸을 꼬아가며 자신을 탓하고 다그치는 유형에 가까웠다.

난 그러면 인생이 무조건 잘될 줄 알았다. 나를 다그치고, 짜고, 쪼으고, 좀 더 갈아 넣으면 뭐든 될 거라고 생각했다. 그야말로 내가 세상을 바꿀 수 있다고 믿는 유형에 가까웠다.

치기 어린 나이에, 보수가 좀 더 좋거나 대우가 나으면 오래 일한 곳이라도 내가 떠나도 된다고 생각했던 안일한 사람이었다. 왜? 세상이 나를 몰라준다고, 나는 늘 피해자라고 생각했기 때문에. 내 직업인 방송일은 퇴직금도 없고, 당장 내일이라도 잘릴 수 있는 일이니까. 그래서 빨리 내 살길을 늘 마련해 둬야 한다고 생각했다. 돌이켜보면, 그것도 내 자격지심이었다. 지금 생각하면 다 이불킥 하고 싶은 기억들 중 하나다.

그래, 억울한 것도 있었겠지. 대우를 못 받는 것 같고, 나만 억울한 것 같고, 나만 이쁨받지 못한다고 생각했던 순간들. 그래서 복수하고 싶다, 부숴 버릴 거야 떠올리며 자존심 상하는 게 가장 싫었던 순간들. 상황은 달라도 이런 기분은 누구에게나 한 번쯤은 있었을 것이다.

분노를 품는 일이 결국 나를 죽이는 일이라는 걸 몰랐다. 남을 마음속으로 미워하는 게 나를 더 힘들게 한다는 걸 그땐 몰랐다. 미워하는 게 더 괴롭고, 사이가 틀어진 채로 지내는 게 더 괴롭다는 걸 알게 된다는 것, 그건 나이가 들어 좋은 점 중의 하나인 것 같다.

내 일이 되려면 내 것이 될일이라면 돌고 돌아서라도 결국 나에게 오게 되어 있다. 내 자리가 아닌 곳이라면 아무리 애쓰고 자신을 닦달해봐야 머리만 아프고 힘만 쓰고 나에게 오지도 않는다. 그게 일이고 인생이라는 것을 알게 되어간다. 내 것이 아닌 일에 욕심내 봤자 나만 더 피곤해지는 상황만 만들 뿐이다.

그렇다고 어차피 내 것이 안 될 수도 있는데 "대충하자, 대충 살지 뭐." 그런 뜻이 아니다. 내가 할 수 있는 것까지는 최선을 다해야 한다. 하지만 내가 닿지 않는 선까지 내가 좌지우지할 수 있다고 생각하진 말아야 한다는 것이다.

어느 방송국에서 그 사람을 해고하고 너를 진행자로 쓸 테니 와달라는 제안을 한 적이 있다. 보수도 자리도 솔깃한 곳이었다. 하지만 그 사람을 내가 알고 있었고, 앞으로 전혀 마주치지 않을 사이도 아니었기에 그 자리에 가는 건 도저히 내가 할 수 있는 일은 아니었다. 아쉬웠지만 거절했다. 하루만 거짓말하고 원래 하고 있는 방송을 빼고, 우리 프로그램을 해달라고 말하는 곳도 있었다. 순간 고민했다. 그래, 한 번인데 뭐.

하지만 그 후에 겪어야 할 인간적인 문제들이 더 괴롭게 느껴져서 역시 거절했다. 거절한 뒤 사람들은 나를 바보라고 했다. 훨씬 대우가 좋은데 왜 상대를 생각하냐고 물었다. 나는 바보가 아니라 좋은 제안이 오기 전까지 여기서 일하는 사람이었다. 그걸 지키고 싶었을 뿐이다.

순간 바보가 된 기분이었지만, 훗날 내가 시간이 되었을 때 더 좋은 제안으로, 그 일이 신기하게 다시 들어왔다. 그래, 내일이 되려면 내가 억지로 심하게 나쁜 수를 쓰거나 무리하지 않아도 결국 내 자리가 될 수 있다.

내 일이 되지 않으려면, 잘 가다가도 넘어지는 게 인생이니까. 그래서 꼭 어떤 일에 아등

바둥하며 적을 만들고 앞서 나가려고 애쓰기보다, 즐겁게 고생하며 그 일이 나에게 올 기운과 기회를 만들라고 말하고 싶다. 그 일을 못 하게 되는 순간도, 돌아보면 분명히 감사한 순간도 있을 테니까.

그만 쪼아라 : 그만 좀 보채라는 뜻의 사투리다. "그만 좀 보채." "그만 좀 재촉해."라는 뜻으로 쓸 수 있는 표현이다.

내도록 짤리산네

20년 넘게 프리랜서로 지내온 나는 숱한 날을 잘렸다. 내 방송의 목숨줄은 늘 붙었다 떨어졌다 했고, 접착식이라기엔 좀 질긴 편이기도 했다. 이것은 재계약이 되는 날도, 방송국에서 짤리는 날도 자주 있다는 뜻이다.

방송을 시작하고 첫해고는 고작 6개월 만이었는데, 나는 '일장춘몽'이라는 말이 무슨 뜻인지 누구보다 잘 안다. 매번 몸소 느끼고 있으니까.

나이가 들어도 잘리는 건 적응이 안 된다는 선배 말처럼, 우리는 프로그램의 개편이 오면 어제까지 집처럼 지내던 내 자리를 미련 없이 떠나야 한다. 시대가 변해 봄가을 정기 개편은 사

라졌지만, 여전히 이런 일들은 수도 없이 일어난
다.

　　마흔이 넘고 최근에 크게 개편을 맞았다. 어
쩌면 인생의 개편과도 같은 시기였다. 10년이나
하던 프로그램에서 손을 놓아야 할 때가 왔고,
당연한 일이지만 받아들이기 힘들었다. 사실 나
는 눈물이 많은 편이다. 개편 통보를 받았을 때
엄청 울 줄 알았다. 20대처럼, 30대처럼 무너질
줄 알았는데. 눈물은 하나도 나오지 않았다.
　　"나 늙었나?" 생각보다 나는 괜찮게 살고
있었다. 놀라웠다. 예전에는 너무 괴로워서 매일
기분이 좋지 않았고, 개편을 앞두고 방송국 앞만
지나가도 눈물이 뚝뚝 떨어졌다. 세상은 왜 이렇
게 나에게만 가혹 한 거냐면서 원망하기도 하고
별짓을 다 해보기도 했다.
　　이번엔 별짓도 하지 않았다. 대신 운동을 하
러 갔다. 열심히 몸을 쓰니 조금 나아지는 것 같

았다. 20대 때 선배님의 말이 귓가에 맴돌기도 했다.

"이 나이 먹어도 개편은 정말 적응이 안 돼 갈수록 더 기분이 나빠."라는 말.

맞다. 기분이 나쁜 건 팩트였다. 나아지지 않는 프리랜서의 대우, 무책임한 윗사람들의 처신, 미안한 척 묵인하는 많은 상황이 우리를 정말 기분 나쁘게 만들었지만 거기까지였다.

우리는 일할 때 평생 볼 것처럼, 모두가 한 배를 탄 것처럼 즐겁게 일하지만, 헤어질 때만큼은 프리랜서의 사정을 봐주는 사람은 아무도 없다. 그야말로 "즐거웠어! 안녕." 남는 건 정규직이요, 우리는 집으로 간다. 어쩌면 그렇게 잘리는 상황이 최악일 수도 있는데, 이상하게도 더 이상 기분이 나빠지지 않았다. 이상했다. 아닌데 나 더 파고들어 우울해야 하는데… 왜 나 괜찮지?

나는 더 이상 어린 나이가 아니었다. 휘둘리면서 덤블링하며 내일 죽을 것처럼 구는 나이가 아니었다. 처음으로 "나이 드는 거 나쁘지 않네." 하는 생각도 해보게 되었다. 하지만 마음속의 불안함은 가시지 않았다. 20대 때 프로그램이 없어졌을 때는 엉엉 울며 "이제 난 어디로 가야 하나? 뭘 먹고 살아야 하나?"하는 마음에 괴로웠고, 30대에 잘렸을 때는 "이제 더 이상 방송에서 안 불러주면 어쩌지? 진짜 속상하네, 나 이제 아줌마인데."라는 마음이 들었다. 돌아보니 그때 나는 너무 어렸다. 그때 너무 젊었다.

그때는 출구가 보이지 않을 것 같은 나이 듦이라 생각했지만, 사실 나는 정말 어렸다. 그리고 그렇게 좌절한 순간이 지나고 나서도 나는 더 많은 경력이 쌓였고, 더 많은 프로그램을 했었다. 나쁘게 생각했던 내 부정적인 마음도 그때뿐이고, 또 잊고 열심히 다른 일, 다른 방송을 해가고 있었다.

물론, 내가 생각하는 것보다 앞으로의 날들
이 별로일 수도 있다. 그건 누구도 알 수 없는 일
이다. 내가 하고 싶은 일을 이제 나이가 들어서
못할 수도 있다. 하지만 그만큼의 노하우가 쌓
였고 경력도 얻었다. 나이는 들었지만, 어린 친
구들보다 멀리 볼 수 있고, 더 많이 생각할 수 있
다. 방방 뛰며 괴로워하지 않을 수 있고, 좀 더
성숙하게 "그럴 수도 있지."라고 생각할 여유도
생겼다. 물론 마음은 여전히 어리고 싶고, 실제
로도 어리다.

프리랜서라는 이유로 때론 작아지기도 했
지만 스스로를 함몰시키지 않았다. 한 회사 안에
서 무조건 자리를 지키려 하지 않고, 어쩔 수 없
는 상황에서도 계속 아이디어를 내고 개발해 왔
다. 덕분에 아웅다웅하지 않는 법도 배웠다. 여
기가 전부가 아니니까. 때로는 한 회사의 직원이
아니라서 다행이라는 생각도 했다. 그러면 거기

서 안주하고 말 테니까.

그래도 고용은 늘 불안하다. 반대로, 어디든 가려고 마음먹을 수 있다. 또다시 주저앉아 다시 생각해 볼 수 있다. 오늘도 일하고, 내일도 잘릴 것이다. 이런 일은 앞으로도 계속 반복이 될 것이다. 그러면서 적응 안 되는 채로 머리를 굴릴 것이다. "어떤 아이디어를 또 내면 좋을까?" "어떻게 생각하면 달리 생각할 수 있을까?" 그만큼 내 인생도 자랄 것이다. 인생은 그렇게 무럭무럭 자라왔고, 앞으로도 더 잘해 나갈 것이다.

내도록 짤리산네 : 늘 잘려 나간다는 뜻의 사투리. 자주 회사에서 나오게 되는 사람에게 늘 잘리고 있냐는 말의 사투리 "자주도 잘려 나가네." 라는 말로 표준어로 쓸 수 있다.

고마쯤 나나라

자식이 뜻대로 안 된다는 말을 실감하는 나이다. 이렇게 키우고 싶은 방식이 있고, 저렇게 잘하길 바라는 마음이 있다. 하지만 그건 다 내 생각이다. 나 혼자만의 생각. 아이는 하나의 인격체인데 내가 "이렇게 키워야지." "이렇게 그림을 그려야지."하고 생각한다. 왜? 내가 낳았으니까. "나를 닮았을 거야." 그리고 "내가 싫어하는 내 모습은 닮지 않게 해줄 거야."라고 열정적으로 다짐한다. 그것 역시 다 내 욕심이다. 나도 처음엔 전혀 몰랐다. 내가 그리는 대로 될 수 있을 거라고, "그렇게 키울 거야!"하고 다짐했다. 여기서 그렇게란, "잘, 멋지게, 모든 걸 준수하게 해내는 그런 아이로."를 뜻한다.

이 나이 먹도록 살아오면서 나조차도 모든 것을 준수하게 해내지 못했으면서, 지금 생각하면 참으로 말 같지도 않은 호기로운 열정이었다. 정말 이불킥 할만한 우스운 이야기다.

피아노, 타악기, 수영, 태권도, 농구, 축구…. 나열하기도 힘들 만큼 다양한 학원들이 아이 앞에 존재한다. 다 시키고 싶었다. 형편이 되어서가 아니라 워킹맘이니까 시간에 맞춰 어쩔 수 없이 학원을 돌려야 했고, 많이 배워서 나쁠 건 전혀 없다고 생각했다.

기회가 된다면 음악을 사랑하고 예술을 아는 아이로 키우고 싶었다. 마침, 아이가 다니는 초등학교에 <오케스트라>라는, 이름도 멋진 방과 후 활동이 있었고 꼭 참여시키고 싶었다. 아이는 내 뜻대로 바이올린을 해보고 싶다고 했다.

"나이스! 아주 좋아 내 뜻대로 되고 있어."
수영은 특히 잘했으면 좋겠다고 생각했다. 남편

이 물을 싫어해서, 몰디브로 신혼여행을 갔을 때도 온천처럼 물에 들어가 앉아만 있던 모습이 생각나서 반드시 수영은 시키고 싶었다. 자자, 벌써 사교육 두 가지, 그리고 아이가 좋아하는 이것저것, 축구부터 농구까지 넣어서 풀 세팅을 초1부터 시작했다. 다행히 아이는 끈기가 있었고 쉽게 그만두는 성격은 아니었다. 하지만 그만둘 때는 의견이 정확했다.

수영을 평형까지 배우더니 그만하겠다고 했다. 나는 접영까지는 하라고 화를 냈다. 아이는 수영장에 자주 가니 코가 약해서 자기는 코피가 자주 나는데, 수영장 안 가는 주에는 코피가 나지 않는다고 했다. 그리고 물이 무서웠지만 이제는 물에서 자유로운데, 왜 접영까지 시키느냐고 화를 냈다. 생각해 보면 맞는 말이었다. 호텔 수영장에 놀러 가도 물이 많이 튀는 접영은 거의 안 하지. 해봤자 자유형인 것을. 그 논리에 맞서 싸울 수 없어 결국 그만두게 해줬다.

　그 후엔 바이올린을 그만두겠다고 선언했다. 어라? 피아노는 진작에 싫다고 가지도 않았으면서 바이올린도 안 하겠다고? 나는 또 화를 냈다. 아이는 이제 자세도 어려운 걸 배우는 데 목을 꺾고 연주하다 보니 목도 아프고, 이만큼 배우면 된 것 같다고 했다. 더 이상 흥미가 없고, 엄마가 하라고 해서 가는 것뿐이라고 했다. 나는 상처를 받았다. "세상에. 내가 열심히 돈 벌어서 너를 시키고 있는데 그만두겠다고? 오케스트라 하기로 했자나!" 그것도 아들은 하기 싫다고 했다. 동기부여하려고 데이식스 드러머 도운 형아 정말 멋있다 그치? 하면 저형 팔아프겠다 정말.. 하고 말했다.

　나는 결국 내가 시키고 싶었던 것들을 시키지 못하고 좌절했다. 그리고 한동안 아들에게 서운하기도 했다. 속상해서 아이를 먼저 키워본 선배인 동생 가정이에게 이 고민을 털어놨더니, 왜

애가 하고 싶은 걸 언니가 정하냐? 군악대라도 시키려고 그러냐? 그게 꿈이냐고 물었다. 생각해 보니 그래 아이가 하고 싶은 일들이 아니었다. 그리고 일 년이란 시간 동안 할 때는 즐겁게 다녔다는 것도 알았다. 그 후 모든 것은 그만하겠다. 영어 수학은 어려우니까 그것만 다니게 해 달라고 조리 있게 말했다.

돌아보니 내가 더 어리석었던 것 같다. 아이는 그때 자신에게 무엇이 필요한지 정확히 알고 있었던 것 같다. 그리고 음악이든 무엇이든, 스스로 소질이 없고 흥미가 없다는 걸 해보며 이미 깨달았던 것 같다.

함께 대화하는 것이 얼마나 중요한지 느껴지는 시간이었다. 그때 내가 내 고집을 내려놓지 않았다면, 나는 지금도 아이와 싸우고 있었을지 모른다. 빨리 깨닫는 것. 나는 아이가 아니고, 아이도 내 인생이 될 수 없다는 걸 아는 것.

이게 1번인 것 같다. 그게 멀어지지 않고 잘 지내는 길이고, 또 지지해 주는 방법이 된다.

믿어주는 마음이 제일 중요하다는 것. 상대의 마음을 먼저 알아야 한다는 것. 아이를 키우며 배우게 된 인생의 공부다. 생각해 보면 나도 하기 싫은 일을 버티는 것만으로도 힘드니, 너도 그렇겠지. 그렇게 오래, 이해하며 가고 싶다. 함께.

고마쫌 나나라 : 그만 좀 놔두라는 뜻의 경상도 사투리. "날 좀 내버려둬." "그만 좀 놔둬" 등의 표준어 표현으로 쓸 수 있다.

02.

위로

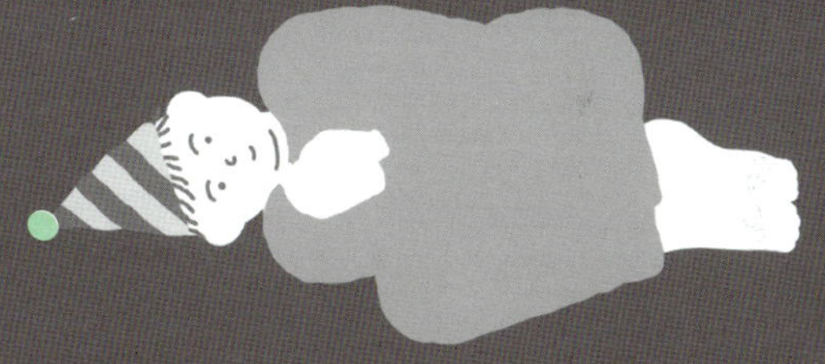

새로운 것을 만나고 경험하며,

또 다른 내가 되어 있을 것이다. 어느덧,

그 삶의 루틴이 나의 역사가 되어 있을 것이다.

니 그거 아나?

남편이 아프기 시작했지만, 특별히 증상이 있는 병은 아니다. 하지만 생각해 보면 무서운 병이다. 시야가 점점 좁아지고, 결국 시력까지 나빠지게 만드는 병. 우리 남편은 녹내장이다. 어릴 때부터 고도 근시가 있었고, 안경 없이는 잘 보지 못한다.

결혼 6년 차였나? 나를 보는 시선이 조금 이상하길래 "뭐야, 나 사시랑 결혼 한 거야?"하고 장난 아닌 장난을 쳤는데, 진짜 사시가 왔다. 정말 그저 농담이었다. 녹내장이 오면서 시야가 좁아지니, 잘 보려고 눈이 돌아가다가 안구가 제자리를 찾지 못한 것이었다.

착한 남편은 좌절했다. 어쩌면 시력을 잃을지 모르는 병이라는 것에 유쾌하던 남편도 어쩔 수 없는 듯 보였다.

그때 나는 알았다. 사람의 위로에도 한계가 있구나. 아무리 내가 재밌게 해주고, 맛있는 걸 사주려고 해도 남편의 컨디션은 돌아오지 않았다. 가슴이 너무 아팠고, 어떻게 해야 할지 몰라 나 역시 망연자실했다. 여러 병원을 찾아보고 포털 사이트를 검색해 봐도 녹내장은 낫는 병이 아닌, 그저 견뎌야 하는 병이었다. 나는 포기하지 않았다. 계속해서 명의를 찾아다녔고, 수술을 해야 한다면 좋은 명의에게 받고 싶었다. 남편은 어차피 약이 있는 병도 아닌데 너무 무리하지 말라고 했다. 나는 너무 화가 났었다.

그러던 중, 인터넷을 다 뒤져 녹내장에 권위 있는 의사 선생님을 알아냈다. 마침, 그때 나에게는 병에 걸리면 3차 병원인 대학병원으로 바로 연결해 주는 보험에 가입이 되어 있었다.

　　(절대 나는 보험을 판매하고 있지 않으며, 내가 혜택을 본 것을 이야기하는 것뿐이다. 오해 마시길.) 그 보험은 1, 2차 병원에서 병이 발견되면 진료 확인서를 제출 시 바로 3차 병원으로 연결해 주는 보험이었다. 보험사에는 간호사가 상주하고 있어서 선생님을 소개해 주기도 하는 곳이었다. 전화했더니, 내가 찾아낸 선생님의 이름은 언급조차 되지 않았다. 나는 "그분께 받고 싶다, 그분께 연결해달라."고 요청했지만 워낙에 대기자가 많아 2년을 기다려야 한다고 했다. 남편이 아픈 것보다 더 괴로웠다.

　　나는 매일 전화했다. 반년도 기다리겠다, 아니 일 년 반도 기다리겠다고 병원에 매일 전화했다. 제발 한 번만 연결해 달라고 말했다. 며칠을 그렇게 전화했는데, 기적처럼 간호사분께서 "진짜 기적이에요. 한 분이 갑자기 취소하셔서 자리가 났어요. 대기도 안 받는데, 오늘 지금 자리가 났어요." 충격이었다. 너무 놀라서 차 안에서 전화받으며 멍하니 있었다. 곧바로 남편에게 문자를 보냈다.

-여보, 교수님 진료 예약이 됐어! 대박!

뛸 듯이 기뻤다.

나는 내 공로를 너무 자랑하고 싶었다. 우습지만, 내가 해냈다는 것이다!! 아직 교수님을 만나지도 않았고, 교수님이 좋은 분인지도 아무것도 모른다. 남편 병을 낫게 못 할 수도 있다. 그럼에도 예약이 되었다는 것만으로 천군만마를 얻은 기분이었다. 그날 저녁, 나는 한 번 더 자랑했다.

먼 산을 바라보며 말했다.

"자기는 정말 좋겠다."

남편은 "뭐가?"라고 무뚝뚝하게 말했다.

"너의 아내가 나라서, 내가 당신 마누라라서 당신은 정말 좋겠다. 병원도 예약해 주고 내가 병도 고칠 판이다."

한참 웃더니 "그래, 고맙다. 아직 뭐 병원에 가지도 않았지만 고맙다. 근데 니 그거아나?" 나는 10년 만에 진짜 눈물 나는 찐한 고백을 기대했다. 약간 떨렸다. 기대하고 있는 나에게 남편이 말했다.

"니, 그거 아나?"

"응?"

"니는 존재만으로 버거운 거, 니가 있다는 것 자체가 내가 부담이다."

화낼라 그랬는데 빵 터졌다. 나를 보며 메롱 메롱 거리며 도망갔다. 한 대 씨게 패주고 싶었지만 그러지 못했다. 그래 생각해 보니, 좀 난 버거운 여자긴 하다. 하지만 넌… 자세한 말은 생략한다.

니 그거 아나? : 상대에게 알고 있냐고 묻는 경상도 사투리. "너 그거 아니?" "너 그거 알아." 등의 표준어 표현이 있다.

지기주네

아들이 학교에서 통지표를 받아왔다. 아들 학교는 반 학기가 끝나면, 선생님 말씀과 함께 성적 성취도에 대한 평가를 받아온다. 다 잘하는 건 아닌 것 같은데 좋은 성적을 받아온 아들에게 잘했다고 칭찬해 주었다. 생각보다 후한 점수가 나왔구나, 하는 생각도 했다.

엄마 아빠를 그리는 칸이 있는데, 부모님이 자기에게 자주 하는 말에 엄마는 "사랑해."라고 썼고, 아빠는 이름을 자주 부른다며 "효준아."라고 썼다.

나는 거기서 혼자 또 감동했다. 내가 자주 하는 말이 "사랑해."였다니…. "네가 그렇게 느꼈구나, 됐어! 그럼, 성공이야!" 혼자 또 오버를 하고 마는 오늘. 그래 나는 아무래도 감정 표현이 어려운 직업인 교도관이셨던 아버지 밑에서 자라서인지 밖으로 내뱉은 "사랑해."를 듣지 못하고 자란 것에 대한 한이 있었다. 사실 나 역시 아빠에게도 그런 내색을 하지 않는 딸이면서, 자식이라는 게 무한히 바라는 욕심이 많아서인지, "애정표현을 왜 안 해주지?" 하며 짜증을 냈다. 지가 먼저 하면 될걸. 이제는 알지만 예전에는 이걸 알지 못했지, 난 어렸으니까.

그런데 당시 2학년 아들이 그려온 그림과 글에는, 엄마가 잘하는 말이 "사랑해."라니. 물론 맞춤법이 틀려서 "상라해."라고 적어 왔지만, 이상하게 쓰면 어때, 찰떡같이 알아듣는 게 애미지! 나는 뛸 듯이 기뻤다. "됐어 먹혔어! 내 표현이 먹혔다고!!" 난 그런 짓을 아들에게 잘한다. 아들이 멍하게 밖을 보고 있으면.

　"효준아 효준아!! "
　"왜? 그거 알고 있나?"

"머?"

"엄마가 니 엄청 사랑하는 거."

하고 뒤에서 하트를 꺼내 보인다. 그럼, 아들이 왕자병 걸린 놈 마냥 피식 웃으며 "알지." 하고 배시시 웃는다. 그게 나는 그렇게 귀여울 수 없다. 그래서인지 중독이 되었는지, 내가 "효준아." 하고 부르면 "머? 사랑한다고?" 지가 자동으로 내뱉는다.

이것도 중독이 됐는지 남편에게 아무 생각 없이 매일 말한다. 우리 남편은 유교 보이라서 내가 크게 웃는 것도 아파트에 들린다며 작게 웃으라고 하는 스타일이다. 나와 다른 그의 성격이 너무 재밌어서, 남편이 나에게 작게 말하라고 할 때마다 이렇게 외친다.

"여보 사랑해!!!"

남편은 그때부터 안절부절못하고 조용히 하라고 얼굴이 빨개지고 아들은 너무 다른 엄마 아빠 행동을 보며 깔깔깔 넘어간다. 나는 그럼 일부러 더 크게 "여보 사랑해!" 하고 외친다.

마음껏 외칠 수 있어서 나는 감사한데, 유교보이 남편에겐 참말로 괴로운 애정 표현일 수도 있을 것 같다. 그래도 나랑 산 지 10년이란 세월이 있어서 그런지, 내가 조금 화가 나 있는 것 같고 삐쳐 있는 날은 겁나 높은 하이톤으로 "여보 사랑해."하고 풀어주려고 한다. 유교 보이 입에서 그런 말 나오면 쫌 귀엽다. 그래서 봐주고 넘어가는 경우도 생기는 것 같다.

표현에 한없이 서투르면 끝까지 안 하고 넘어가는 게 부부 사이고 부모 자식 사이인데, 한번 하기 시작하면 그렇게 쉬울 수 없는 것이 또 표현인 것 같다. 분위기가 달라지게 만드는 건 확실하다. 내가 오은영 박사님은 아니지만, 이 부분에서는 자부할 수 있다. 몸소 느끼고 실천한 거니까. 그때 차를 타고 가는데 뜬금없이 아들이 아빠에게 물었다.

아빠 근데 화내다가 영어로 뭐야?

"Angry?"

아들이 별안간 나를 보며 손가락질하며 말했다. "Angry mom!" "엄마는 앵그리맘이야! 오늘도 화냈잖아."

그래 이런 표현은 안 해도 돼. 네가 열받게 해서 화낸 거잖아. 사랑 표현도 좋지만, 내일은 화를 덜 내자 약속.

 정말 좋다는 뜻의 최상 표현이 담긴 경상도 사투리. "너무 좋다." "최고야." "대박" 등의 표준어 표현이 있다.

가끔은 낮에 아무 생각 없이 카페에 앉아 차를 마시고 싶다. 알람도 안 맞추고 원하는 시간에 일어나 대충 집을 정리하고, 살 것도 챙겨서 나가 느긋하게 쇼핑도 하고 싶다. 그러다 시계를 보고는 "어머, 아이가 올 시간이 됐네!"하며 집에 오고 싶다.

하지만 현실은 12시 30분까지 점심을 야무지게 먹고, 일찍 준비해서 오후 2시까지 라디오 생방송을 가야 한다. 레이스의 연속이다. 교통체증으로 차가 막히면 지각할 수 있으니, 매번 경주마처럼 때로는 100m 달리기 선수처럼 차에 오른다. 작지만 불타는 눈을 부라리며 방송국으로 골인한다. 그렇게 산 지 올해로 딱 20년 차.

때로는 밥도 못 먹고 뛰어다닐 때, 나는 문

득 생각한다.

"내가 일하려고 태어났나? 나는 뭘까?"

그리고 가끔, 특집 때문에 라디오를 쉬는 날이면(1년에 한두 번 정도?) 그 시간에 이런 생각이 든다. "아, 내가 일하고 있을 때 다른 사람들은 이렇게 즐겁게 나와서 놀고 있구나." 물론 그날 그 사람들 연차였을 수도 있는데 말이다. 그만큼 나에게 2시에서 4시 사이는 온전한 일의 시간, 방송하는 시간이다.

그렇게 놀고 싶은 날에는 가끔 내가 불쌍하게 느껴진다. 하지만 그 마음도 잠깐이다. 생각해 보면 갈 곳이 있었기에 노는 날도 소중한 거다. 루틴이 있다는 건 나를 자연스럽게 규칙적으로 살게 한다. 자유로워지면 뭐든 잘할 거 같지만, 사실 그런 사람은 많지 않다. 무한정 자유가 주어졌을 때 잘 노는 사람은, 집에 돈이 많거나 진짜 대단한 사람이다. 그래서인지 직장인들도 휴가를 받으면 어찌할 바를 몰라 고민하는 사람도 많다. 20년 동안 프리랜서로 살다 보면 굉장히 자유로울 거라고 생각하지만 일이 없는 순간 우리는 전혀 자유롭지 못하다. 그때부터 우리는 일을 찾아 헤매는 하이에나가 된다.

그래서인지, 소속감은 프리랜서에게 참 중요하다. 어디로 갈 곳이 있다는 것, 내 자리가 있다는 것. 그게 없이 살아온 나로서는 책상이 있는 사람만으로도 부럽다. 내 자리가 있다는 것, 어떤 상황에도 나의 자리가 만들어진다는 것은 소중한 것이다.

가끔은 똑같은 루틴이 너무 구속처럼 느껴서 벗어나고 싶다는 사람도 많지만, 나는 그런 마음조차 책임감이 강해서 생기는 게 아닐까 싶다. 그 자리에서 잘해야 한다는 중압감 때문에 오는 마음 같다. 나이가 더 들어갈수록 자신을 위해 어디든 갈 곳을 꼭 만들면 좋겠다. 그게 나를 살게 하고, 나를 일어나게 하는 힘이 된다. 정말 일어나기 싫은 날에도, 가야 하기 때문에 움직이고 가야 하기 때문에 씻는다. 돈 때문만은 아니라, 그 자체가 인생의 힘이 되기도 한다. 가야 하기 때문에 궁시렁궁시렁 욕도 한다. 그것도 에피소드고 내 인생의 한 이야깃거리다.

어떻게든 영역을 넓히고, 갈 곳은 만들면 좋겠다. 나를 불러줄 곳을 만들어 두면 좋겠다. "재미가 없잖아, 하는 일이 별로잖아." 라고들 평소에 생각한다. 그런데 그 재미없는 것도 루틴 있게 견디다 보면 내 인생의 또 이야기가 된다. 그러다 보면, 그곳이 내가 서 있을 곳이고, 내가 할 일이 되는 것이다.

아무것도 하지 않거나 그저 자유로우면, 공허해지고 갈 곳에 대한 마음은 더욱더 희미해지고 하고 싶은 것도 사라지고 길게 해나가는 것조차 모든 면에서 괴로워질 수 있다. 나이가 들수록 이 부분은 더 심해진다. 그래서 루틴은 괴롭지만 소중하다. 그 루틴을 잘 지켜나가는 나 자신과 당신은 더 소중하다. 우리 그 루틴을 지켜가면서, 또 새로운 일정을 짜게 되기를 기대하며 새로운 것을 하나씩 만들어 나가 돼, 지겹지만 원래 해야 하는 루틴도 즐거워하며, 그렇게 지금을 받아들이면 좋겠다.

훌쩍 돌아보는 날엔 "내가 이렇게 잘 지내고 잘 버텨 왔단 말이야?" 하고 스스로를 대견하게 대하는 날이 올 것이다. 그날에는 또 다른 영역이 내 삶에 펼쳐져 새로운 것을 만나고 경험하며, 또 다른 사람들을 만나게 되는 내가 되어 있을 것이다. 어느덧, 그 삶의 루틴이 나의 역사가 되어 있을 것이다.

갈 때 있어 좋은 기라 : 기라로 끝나면 ~겠다 의미의 사투리다. "갈 때 있어 좋겠다." " 부러워~." 라는 식의 표현으로 쓸 수 있다.

이기면데?

촬영을 하면서 다양한 사람을 만난다. 질문하는 게 내 직업이고, 듣는 일 역시 직업이기도 하다. 이 일을 하다 보니, 질문해 놓고 다음 질문 회로를 돌리고 있는 나를 발견한다. 지독한 인간이다. 한번은 피디님께 들켰다.

"남미 씨는 와 질문하고 대답은 안 듣습니까?"

아…. 나 다음 질문 생각하고 있었는데, 영업 비밀 들켰네. 그렇게 하지 않으면 또 다양한 이야기를 끌어낼 수가 없으니까, 자꾸 회로를 돌리는 것이다.

열심히 인터뷰하고 돌아오면 한동안은 마음이 엄청 먹먹하거나 오래도록 그 생각이 난다. 다양한 직업군의 이야기들, 돈 주고도 살 수 없는 소중한 자산이 되기도 한다.

산업단지에서 일하는 영양사님을 만났을 때 가장 속상했던 고객 이야기를 물었다. 밥이 왜 이러냐, 국이 짜다 정도의 민원이 아닐까? 생각했는데, 상상 초월. 밥을 정성스럽게 퍼고, 반찬과 국을 다 받은 후 곧바로 배식구로 가서 그대로 전부 쏟아 넣는 사람도 있었단다.

그날 펑펑 울었다는 영양사님의 말. 그렇게까지 남에게 상처를 주는 이유는 대체 뭘까? 나도 이렇게 오래도록 기억에 남는데, 영양사님은 얼마나 오래 마음이 아팠을까. 이런저런 생각을 하면 더 일하기 어렵겠지.

내가 직업병으로 겪는 일들은, 밖으로 나가 다양한 분들을 만나다 보니 불특정 다수에게 카메라를 들이대며 말을 걸 때가 있다. 뭐 팔러 온 것도 아닌데 "저리 가세요." 하는 분들도 있고,

때로는 찍지도 않았는데 찍으면 가만두지 않겠다고 소리 지르는 분도 있다. 그분들을 최대한 정중하게 대하는 게 내 몫이다. 가끔 아무것도 안 했는데 욕을 먹어서 속상한 적도 많다.

이렇게 새로운 불특정 다수를 계속 만나는 일이 다 보니 쉽게 체력이 떨어지고, 에너지가 남지 않아 힘들 때도 많다. 물론 사람 때문에 힘을 받는 경우가 더 많은 게 이 직업이다. 모든 일이 늘 좋을 수만은 없지만, 어느 날 12명을 인터뷰하게 되었다. 인터뷰가 막바지로 향해가는 촬영에서 한 업체 사장님을 만났다. 사장님이 개척해 오신 일들은 대단했고, 혼자 일군 사업은 귀감이 됐다. 촬영이 끝나고 정리를 하고 있는데, 갑자기 사장님이 뛰어오셨다.

2019년 자신이 가장 많은 수출액을 달성한 해에 기념으로 만든 것이라며 종이를 지탱할 수 있는 크리스탈 색의 코스터를 사무실에서 가지고 뛰어오셨다.

“아니, 이 귀한 걸 왜 저에게.”

“진짜 귀한 거 맞아요. 두 개밖에 없는 거거든 하나 드리는 거야. 내가 오늘을 기념하고 싶어서. 언제나 잘되길 응원합니다.”

나는 순간 조금 부담스러웠다. 오늘 잠깐 만나 이야기를 나눈 게 다였고, 나는 연예인도 아니고 그저 인터뷰를 했을 뿐인데 이렇게 귀한 걸 나에게 주시다니. “감사합니다.” 하고 받았지만 주머니에 넣어두고 별다른 생각은 하지 않았다. 왜냐하면 나는 그분의 영광도, 그날의 기쁨도 다 알 수 없기 때문이었다.

다음 촬영 날, 촬영 복을 받아 입고 보니 점퍼 속에 그 크리스탈 코스터가 있었다. 차에 두고 갈까 잠시 망설였지만, 기분 좋은 맘으로 좋은 분이 주신 거니까 가져가 볼까? 하고 주머니에 넣고 촬영을 나갔다. 촬영이 한참 진행되는데 갑자기 불지도 않던 바람이 미친 듯이 불었다.

촬영장에 있던 물건들이 다 날아가기 시작했다.

그때 주머니에 있던 코스터가 생각났다. 재빨리 원고 위에 올려보니, 유일하게 종이들이 날아가지 않았다. 바람이 얼마나 불었는지 핫팩을 올려 지지했던 다른 원고들은 다 날아갔고, 사장님이 주셨던 코스터 아래에 있던 원고만 살았다. 정말 신기한 경험이었다. 함께 촬영을 진행하던 재평 MC도 "이거 빼고 다 날아갔어. 신의 한 수다. 이거 지난 촬영 때 사장님께 선물 받은 거 맞지?"라고 말했다. 순간 기분 이상했다.

선물로 받았지만 내게 특별하다고 생각하지 못했던 물건이 가장 중요한 순간을 알아차리기라도 한 듯 거기 있어 주었다. 사장님은 아셨을까? 사장님이 가장 소중한 순간 만드셨던 물건이 나에게는 마치 혜성처럼 등장해 큰 도움이었다는 것을 생각해 보면, 어떤 만남도 선물이 아닌 순간이 없다. 이런 순간들이 모여 인생의 이야기가 되고, 사람이 고마워지는 그런 순간이 되는 것 같다.

그래서 인생은 또 재미있는 것 아닐까. 그런 이야기 하나하나 작은 것 하나하나에 감사할 수 있는 나이가 지금의 나이란 생각이 든다. 나도 훗날 누군가에게 그런 선물을 건네는 사람이고 싶다.

이기면데? : 질문하는 사투리다, 이것은 무엇이냐는 질문의 의미로 쓰인다. "이게 뭐야?" "이게 뭘까?" 등의 표준어로 사용할 수 있다.

머들따보노?

하고 싶은 게 많아서 미칠 것 같던 날들이 있었다. 24시간이 너무 부족했고, 뭘 배우고 싶어 안달하던 시간이 있었다. 나는 20대에 자존감이 떨어지면 토익 학원에 갔다. 주로 남자 친구와 헤어지면 "나는 소중하다. 업그레이드되고 말거다." 하는 마음으로 그렇게 영어 학원에 다녔다. 하지만 성적은 잘 나오지 않았다. 다시 남자 친구가 생기면 영어 학원에 가지 않았으니까.

방송국에 들어온 이후엔 직업 특성상 뭐든 배우려고 무던히도 애를 썼다.

목소리를 연구하고 싶어서 당시에는 아줌마만 배운다는 구연동화를 배우러 다녔다. 자격증을 따고, 사자와 호랑이 소리를 완벽하게 낼 수 있을 때쯤 재능교육 전국 구연동화 대회에 나가 대상을 탔다. 정말 뿌듯했다. 그 당시 동화 제목은 "있는 그대로의 너를 사랑해." 였다. 동화는 네가 무엇을 꾸미지 않아도, 누구를 흉내 내지 않아도, 있는 그대로 사랑받을 자격이 충분하다는 내용이었다. 나는 정작 나 자신도 잘 사랑할 줄 모르면서, 동화 속 내용은 아주 맛깔지게 구사했다. 불쌍한 20대였다. 그렇게 20대는 오직 배움의 장으로 보냈다.

30대가 되어서는 진짜 사람의 심리가 궁금해졌다. 나는 왜 이런 성격을 가졌을까, 왜 어떤 트라우마에서는 아직도 자유롭지 못할까, 끊임없이 스스로에게 물었다. 그래서 심리상담사 자격증을 땄다. 1급, 2급을 배워가면서 내 맘에 상처도 치료하고, 이해되지 않던 사람들에 대한 맘도 조금씩 이해가 되기 시작했다.

어릴 때부터 계속 꾸던 꿈이 있었다. 아프셨

던 할아버지가 두꺼운 솜이불에 갇혀 있는데, 구해드리지 못하는 꿈이었다. 결국 할아버지가 어떤 동물에게 잡아먹히는 꿈이라 나는 마음이 불안할 때면 반복적으로 이 꿈을 꾸었다. 심리상담사 선생님은 어릴 때 사랑하는 할아버지의 아픔을 지켜볼 수밖에 없었던 내 마음의 답답함이 꿈에 투영된 것이라고 했다. 그리고 할 수 있는 게 아무것도 없을 때 이 꿈을 자주 꾸었을 것이라고 말했다. 맞았다.

내가 스스로 해결할 수 없는 일이 생기면, 나는 어김없이 그 꿈을 꾸며 식은땀을 흘렸다. 자격증을 따고 상담사로 일하고 치유받으면서 다신 그 꿈을 꾸지 않았다. 무언가를 배우고 알아가는 일은 나에게도 좋은 일이었고, 더 이상 나 자신을 괴롭히지 않기 때문에 내 주변 사람들도 행복하게 만들수 있었다. 생각해 보면 20대부터 30대가 지난 지금도 나는 배움을 쉬어 본 적이 없다.

비정규직이라는 일 특성상 무언가를 배우지 않으면 늘 불안했고 다음 패턴을 준비하지 않으면 도태되는 것만 같았다. 그래서 무작정 무엇을 배우고 달려 나가기에 급급했다.

40대가 되고 보니 이제 해야 할 일은 '진짜 재미있는 것'을 찾는 것이다. 그때는 그저 배움이 목말라 달렸다면, 이제는 내가 쉬고 있을 때 어떤 시간이 즐거운지, 내가 무엇을 좋아하는지 알아야 할 때가 온 것 같다. 단순한 취미만으로는 매일을 즐길 순 없다.

한 가지, 두 가지로는 부족한 것 같다. 시간이 지나면 더 많은 시간이 내게 올 텐데 돈 쓰는 취미를 가져서 무작정 돈만 써댈 수도 없고, 내가 마라톤을 좋아한다고 해서 돈 안 드는 달리기만 하기엔 이제 내 도가니가 견뎌내 주지 못할 것이다. 그렇다면 체력도 적당히 써가면서 재미도 느끼며 오래 할 수 있는 것들을 찾아야 한다. 그게 40대의 임무다. 내가 무엇을 좋아하고 무엇에 빠져있고, 무엇을 할 때 가장 행복할 수 있는지 찾는 것이다. 포털의 인기 탑 100 음악만 들을 게 아니라, 내가 좋아하는 노래 취향을 찾고, 좋아하는 드라마와 책의 취향도 찾고, 좋아하는 여행지의 취향도 검색하는 것이다. 그걸 찾지 못하면 우리는 삶이 점점 더 공허해진다. 이제 와서 체력을 탓하면서, 가진 것을 탓하고, 혹은 갖지 못한 것을 탓하면서 보내는 시간은 무의미하다. 그래서 나를 찾는 일이 필요하다.

내가 무엇을 좋아하는지 찾는 것, 내가 보낼 수 있는 시간에 나를 행복하게 만드는 것이 무엇인지 알아가는 것. 누군가의 이야기를 듣는 게 좋다면 강의 콘텐츠를 듣고 활동적인 게 좋다면 나가서 할 수 있는 나만의 운동을, 정적인 시간이 좋다면 내 시간을 나눌 수 있는 책들을, 그렇게 하나씩 돌아보는 것이다. 세 가지 이상만 가져도 마흔은 성공한 것 아닐까.

나는 드라마를 찾아보고 OST를 열심히 듣고 운동 경기를 보러 가서 직관하며 목이 쉬도록 소리를 지르는 게 좋다. 일요일에는 예배에 나가 마음껏 기도를 하고, 몇 달 전부터 계획한 여행을 통해 못 먹어본 음식을 맛보고, 너무 맛있었던 건 돌아오는 길에 꼭 사 오고. 이 정도면 충분한 것 같다. 내가 응원할 수 있는 선수나 배우를 마음 다해 잘되길 바라고, 웃긴 이야기를 적어두었다가 다른 사람에게 더 크게 웃겨주는 일. 이 정도면 열 가지도 넘겠네. 누구나 이렇게 쉽게 찾을 수 있다. 내가 들여다보고 싶은 것을 더 재밌게 보는 방식으로 살아가는 것. 그럼, 좀 세상이, 시끌벅적한 이 세상이 좀 더 내가 좋아하는 것들로 인해 다정하게 느껴질 것이다.

머들따보노? : 무엇을 열심히 들여다보고 있냐는 경상도 사투리. 표준어로는 "뭘 그렇게 집중해서 들여다 보고있니?" 라고 표현할 수 있다.

니 게안나?

몇 년도 더 지난 드라마를 우연히 정주행하게 되었다. 시작이 굉장히 어두운 편이라, 고민했다. 본 사람들은 이미 '인생작'이라고 칭하는 사람들도 많아 2부까지만 참아보자 하고 시작했는데 이럴 수가 <사이코지만 괜찮아>는 16부를 내리 달리게 했다.

사실 나는 굉장히 급하고 누워있으면 죽는 줄 아는 사람이라 때론 드라마를 보는데도 죄책감을 느낄 때가 있다. "이렇게 내가 널브러져 있어도 되나?" 하는 생각이 드는 것이다. 일종의 병이다. 무조건 생산적인 일을 해야지만 직성이 풀리는 것.

그런 내가 이렇게 누워서 온전히 드라마를

본 건 처음이었다. 잘했다는 생각이 들었다. 어
릴 적 트라우마까지 치유되는 기분마저 들었다.
드라마 한 편에 오버라고 생각하는 사람도 있겠
지만 나는 많은 인생을 배웠다. 지인들을 향해
내가 앞으로 어떻게 살아야 할지도 생각하는 소
중한 기회가 되었다.

드라마 속 강태는, 장애가 있는 형을 돌보며
자신의 감정을 숨기고 형의 트라우마 때문에 일
년에 한 번 이리저리 이사를 다니는 캐릭터로 나
온다. 강태는 장애가 있는 형 상태 때문에 자신
의 이번 생은 망했다고 생각하며 살았지만, 돌아
보면 형이 자신을 지켜준 순간도 많았다는 걸 알
게 된다. 다른 사람 때문에, 내 삶이 불행하다고
여기지만 알고 보면 나를 불행하게 만든 건 나
자신일 수도 있다는 것을 깨닫게 된다. 그 깨달
음을 알게 되는 것은 꽤 오래 걸렸다. 사랑을 줄
여유도 받을 생각도 없던 강태가 자신과 똑같이

상처가 있는 문영을 만나면서 오래도록 그 사랑을 밀어내지만, 비로소 자신이 어떤 사람인지 진짜로 원하는 삶이 무엇인지 알게 된다는 드라마였다.

나의 작은 머리로 나열하기에는 작가님의 드라마 속 내용은 너무 크고 넓었다. 그리고 곁에 좋은 어른을 만나면, 우리는 모두 달라질 수 있는 사람이라는 것을 알게 하는 드라마였다.

그리고 상처받은 사람은 큰 걸 바라는 게 아니라 그때 미안했다고 아주 작은 상대의 인정이 필요했을 뿐인데, 우리는 사과하는 일도 칭찬하는 일도 너무 인색하게 살고 있지 않았나 하는 생각까지 하게 되었다.

주인공뿐만 아니라 주변에는 친부모는 아니지만 외로운 그들을 지켜주는 좋은 어른들이 나온다. 그 어른들의 따스함으로 아이들은 부모 없이도 사랑을 배우고 나누어 주는 것을 배우게 된다. 선한 영향력은 다른 사람을 통해 나에게 그리고 또 다른 누군가에게 흘러가는 듯했다. 어쩌면 그런 어른들이 모여 좋은 세상을 만들거나, 반대로 나쁜 어른들이 아이들을 괴롭혀 어지러운 세상을 만드는 것이 인생 아닌가 싶기도 하다. 문득 나는, 주변 사람들에게 어떤 어른으로 기억될까? 하는 생각을 해 보게 된다. 우린 그렇다면 어떤 어른이 되는 것이 좋을까?

우리도 각자의 의지와 관계없이 어른이 되었고, 자라왔고 익어가는 나이가 되어가고 있다. 나도 모르게 자의 반 타의 반으로 때로는 나쁜 사람이 되기도 하고, 생각하는 것보다 더 좋은 사람이 되기도 한다. 어쩌면 그렇게 사는 게 인생인 것 같다.

드라마를 보던 중 남편이 건강검진에서 충수돌기염이라는 요상한 병명을 듣게 됐다. 천운으로 급하게 수술을 하게 되어 큰 병은 막았는데 갑작스러운 입원과 두 시간이 넘는 수술로 많이 당황한 것은 사실이었다. 이렇게 큰일을 갑자기 겪고 나면, 내 옆에 진짜 어른이나 진짜 사람은 누구인지, 그리고 얼마나 말 한마디가 사람을 살리고 또는 죽일 수 있다는 사실을 알게 된다.

뜻밖의 호의로 매일 전화로 괜찮냐는 안부를 물어주는 지인도 있었고, 불쑥 병실로 찾아와 보호자가 잘 먹어야 한다며 밥을 챙겨주는 친구도 있었다. 함께 울어주고 진심으로 자기 가족처럼 걱정해 주는 이가 있는가 하면, 반대로 정말 가깝다고 생각했는데 "수술했는데 그게 머 천운이야? 병 있으면 재수 없는 거지."라는 독한 말로 다신 보고 싶지 않게 만드는 사람도 있었고 "아프다는 말을 안 하니까 병문안 안 가도 되지?"라며 굳이 하지 않아도 될 말을 하는 사람도 있었다. 그 일을 겪으며, 나는 또 한 번 깨달았다.

굳이 상처 주는 말은 할 필요도 없으며 혹여 내 입에서 그런 말이 절대 나가지 않게, 남은 인생 살자고 다짐하는 순간이 되기도 했다.

내가 나쁘게 뱉은 말은 다시 나에게 돌아올지 모른다. 반대로, 나도 모르게 베푼 선한 영향력이 다시 나에게 한 줄기 빛으로 돌아올 때도 있는 것처럼.

오랜만에 그 드라마를 다시 보고 싶다. 절대 웃을 수 없을 것 같은 순간에 사람 때문에 웃게 되었다가 사람 때문에 울게 되는 것처럼. 인생은 또 그렇게 흘러간다.

니 게안나? : 너 괜찮니? 라는 뜻의 사투리.

03.

인간관계

"여보세요? 머하노, 밥뭇나?"

고마 잘 넝가라

BF10. 중3때 같은 반이였던 우리 친구들의 모임 이름이다. 베스트 프렌드 10명의 줄임말. 남들은 알아듣지도 못하는 애칭으로 20년이 넘은 우정 남자 6명, 여자 4명. 아이러니하게 서로 썸 따위 한 번도 없었다. 그런데 전혀 결혼할 것 같지 않던 두 멤버가 "이상하게 말야 짜증 나게 서로 생각이 계속 난다? 이거 뭐냐?" 하고 갑자기 어색해하더니 어느 날 연애를 시작하고 결혼까지 했다. 언젠가 비빌 구석이 있게, 나이 들어서도 편하게 그 집에 가서 만나자며 멤버 중 두 사람은 끝까지 장가나 시집을 못 가면 서로 결혼하라고 농담처럼 말하곤 했는데 그 말이 현실이 된 셈이다.

그런데 이제는 BF10이 아닌 BF9가 되었다.

그 이유는 한 남자 멤버의 아내 분께서 우리 모임을 이해하지 못했기 때문이다.

지금 생각하면 참 웃픈 장면인데 우리 아이 돌잔치가 있던 날, 그 멤버는 유난히 시무룩한 얼굴로 돌잔치에 참석했다. 돌잔치 내내 불편해 보이는 것도 사실이었다. "뭘까? 혼자 왔네? 아내랑 싸웠나?" 별생각을 다 했지만, 돌잔치 중간이라 물을 수는 없었다. 나는 끝나고 식구들을 챙겨야 했고, 친구들은 따로 카페에 갔다고 한다. 그 자리가 우리 만남의 마지막이었다. 친구는 카페에서 엉엉 울었고, 오늘 만남이 마지막이며 자기는 모임에서 빠지겠다고 말했다고 한다. 이유는 아내가 우리의 만남을 싫어하며 남자와 여자가 함께 모이는 것 자체가 싫다고 했다고 한다. 돌잔치를 끝으로 친구는 떠났고, 지금까지도 연락은 없다. 간간이 다른 친구에게 연락이 닿았는데 여전히 아이를 낳고도 "외출은 좀 어렵고,

남자끼리는 만날 수도 있다.”라는 말을 전해왔
다고 들었다.

　그때는 친구들 사이에 아내한테 우리 하나
설득하지 못한 못난 놈이라는 프레임을 씌울 수
밖에 없었다. 괘씸했고 답답해 보였다. 시간이
지나서는 생각이 조금 달라졌다. 아내를 버리고
우리에게 올 수도 없는 노릇이었을 것이다. 그렇
다고 거짓말을 하고 몰래 만나러 오는 건 그거야
말로 더 이상한 사람이 되니, 원래 얌전했던 그
아이의 성격에 그 선택이 최선이었을 것이라는
결론도 내렸다. 마지막에 울었던 모습은 지금도
짠하다.

　사람 관계라는 것이 참 알 수 없다. 매일을
나누고 매일 보던 사이도 한순간에 모르는 남처
럼 멀어지기도 한다. 가끔은 내가 저 사람을 알
았나 싶을 때가 있고, 오히려 TV 속에서 보던 연
예인들은 실제로 대면한 적은 없어도 기사로 자

주 접해서인지 친구들보다 더 함께 늙어가는 것

처럼 내적 칠밀감이 느껴기지도 한다.

　그럴 때면 우리는 지나간 인연들을 생각하

며 쓸쓸해지기도 한다. 나 역시 워낙 인간에 대

한 애정이 많은 무한 오지랖퍼 스타일 이다 보니

누군가와 조금만 멀어져도 미칠 듯이 화가 나고

"왜 나에게 이런 시련이 오나." 싶어 밥도 못 먹

고 고민하던 시절들이 있었다.

　지금 생각하면 조금 더 너그러웠으면 어땠

을까. 내가 열정을 준 만큼 그 사람은 아니었을

수도 있었을 텐데. 애정의 크기가 늘 같을 수는

없다는 걸, 그땐 미처 몰랐다.

　반대로, 그 사람이 나에게 열정을 주려고 할

때 나 역시 도망친 적도 있었을 것이다. 어떤 책

에서 내가 끝내려고 마음먹은 시점이 그 사람에

겐 시작이었을 수도 있다는 문구를 읽었다. 내가

상처받은 만큼 나 역시 관계 속에서 누군가에게 적지 않은 상처를 주었을 것이다.

지금은 멀어져 더는 만나지 않는 인연 중에 내가 도움을 주었거나 도움을 받았던 사람들이 있을 것이다. 우리에게 너무나 재미있었고, 좋았고, 즐거웠고 그 사람으로 인해 웃을 수 있었다면 이제는 희미한 미소 정도 지을 수 있는 것이라면 그걸로 충분하지 않을까 싶다.

시절도 변하고 세월도 흐르고 너도, 나도 달라졌으니 왜 그때와 똑같은 모습으로 너 거기 있지 않니? 나 서운해. 라고 말하는 것도 어쩌면 내 욕심일지도 모른다.

그저 어느날 문득 전화해도 서로가 고맙길 "그때 그랬는데, 큭큭."하며 낄낄거릴 수 있다면 그걸로도 충분히 고마운 게 인생 아닐까 싶다.

그래도 아직 오랫동안 감사하게 함께 하는 인연들이 있고, 오랜 인연 속에서 행복한 만남이

있다. 오늘은 그토록 오랫동안 날 알아주고 버텨

준 이들에게 전화 한 통 해 봐야겠다.

“여보세요? 머하노, 밥묵나?”

어제 만난 것 처럼 반가웠음 좋겠다.

고마 잘 넝가라 : 그냥 잘 넘어가라는 경상도 사투리,

넘겨버리라는 말. 표준어로 “그냥 잘 넘겨, 다 지나

가.” 등의 의미가 있다.

니 어덴데?

갈수록 망설여진다. 내가 만나자고 하면 네가 나올까? 불쑥 이렇게 널 불러내도 괜찮을까? 거절당할까 두렵기도 하고, 내가 너에게 그만큼 소중한 사람이었나 싶기도 하다. 여러 감정이 한꺼번에 교차한다. 친구라는 관계가 나이 들면 더 어려워진다는 말을 이제야 실감 한다.

　살기 바쁘다 보니 혹시 내가 한가할 때만 널 찾는다고 느끼는 건 아닐지, 지금 네 상황을 모르는데 내가 연락해도 될지, 그렇게 가까웠는데 서먹해지는 건 순간인 것 같다. 그래서 가끔 슬플 때가 있다. 나이 드니 사소한 연락도 왠지 망설여진다. 다들 그런 맘을 경험하며, 그냥 혼자 보내는 날도 있을 것이다.

그래서 나는 친구도 중요하지만, 함께 일하는 사람이나 동료에게도 '친구'라는 말을 붙이고 싶다. 또 아이 친구들의 엄마들에게도 친구라고 말하고 싶다.

굳이 그가 나를 생각하지 않거나 나를 친구로 느끼지 않을지라도 일하며 만난 인연은 엄청 오랫동안 붙어있는 사이다. 가끔 만나는 친구보다 더 하루에 많은 시간을 보내는 사람들이 바로 더 진한 친구가 될 수 있는 거니까. 눈빛만 봐도 알 수 있는 사이가 어쩌면 마음 잘 맞는 직장동료 아닐까? "오늘은 기분이 좋아 보이네." "오늘은 좀 피곤해 보이네." 매일 마주하는 얼굴을 서로 체크한다는 건 그런 것이다. 안부를 묻지 않아도 서로에게 보이는 그런 모습들. 그 사람이 또 나와 비슷한 나이라면 살아온 과정은 달라도 우린 더없는 친구가 될 수 있다. 매일 보는 사이가 되었다는 것만큼 가까운 인연이 또 어디 있을까.

아이 친구들의 엄마도 마찬가지 아닐까? 매일 얼굴을 마주칠 때도 있고, 육아의 어려움을 함께 나누는 사람들이기도 하니까. 친구보다 때로는 내 고민을 더 많이 알잖아.

생각해 보면 나는 그렇게 많은 동료를 오래도록 만들어왔다. 일하면서 만나는 작가님, 피디님, 방송인들은 지금 나에게 오래된 친구만큼이나 더 없는 사이가 되었다. 내가 일하면서 자라온 시간을 고스란히 봐오고 함께 지켜준 사람들. 그리고 어떤 순간에도 같이 웃고 울어준 사람들이기에, 때로는 가족보다 나를 더 잘 알아주는 사람들이다. 그리고 나 역시 그들의 안녕을 늘 기도하게 되는 사이가 된다.

물론 함께 일하면서 전혀 맞지 않는 사람도 있고, 그 사람이 얄밉고 싫어서 회사를 그만두고 싶다고 생각하게 만드는 사람들도 당연히 있다. 아이 친구들 엄마도 마찬가지다. 그저 아이 때문에 알게 되었지만, 지내다 보면 마음이 상해버리는 사이가 되기도 하니까. 하지만 불편하게 지내는 것은, 잘 지내는 것보다 더 힘든 일이라는 걸, 우리도 이 나이쯤이면 다 알고 있다. 맘처럼 잘 안되는 게 사람 관계이기는 하지만, 돌아보면 내가 일해온 곳에 내가 지내온 곳에 내 삶이 있고, 내 인생이 있다. 내 인생 영역에 존재하는 사람들이 결국 나의 모습이기도 하니까.

그 시기에 함께 있어 준 사람이라는 것만으로 우리는 오래된 친구처럼 교실에서 함께 생활해 왔던 사람들처럼 오래도록 곁을 내어줄 수 있는 존재가 직장동료 아닐까 싶다. 그렇게 함께해온 사이가 오랜 시간을 타고 흐르면 언니요, 동생이요, 친구가 되는 게 아닐까. 이 나이쯤이면 어느 학교를 같이 나왔고 어느 반이었는지는 중요한 게 않다. 내 삶이 커가고 자랄 때 옆에 있어준 사람, 그것이 가장 가까운 친구 아닐까.

오랜 친구, 지금 사귄 친구 정의하지 않고, 곁에서 나와 몇 마디 나누며 함께 웃을 수 있는 사람이면 그게 내 인생에 가장 가까운 친구가 된다. 멀리 있어서 자주 만나지 못하는 옛 친구보다, 어제 내가 뭘 입고 왔는지, 내 얼굴에 뭐 묻었는지 바로 옆에서 보고 있는 직장동료가 진짜 베스트 프렌드 일지 모른다.

오늘은 그 직장 친구랑 커피 한잔해야지.

니 어덴데? : 위치를 묻는 경상도 사투리.

"너 어디야?" "너 어디쯤?" 등의 표준어 표현으로 쓸 수 있다.

절로 가라

오래도록 친한 사이는 만나면 반갑고 안 만나면 보고 싶다. 하지만, 이 나이쯤 되면 모든 사람과 내 마음처럼 평생 오래 지낼 수는 없다.

조금 어릴 때 만해도 무조건 모두와 잘 지내야 하고 사이가 무조건 좋아야 하며, 그 사람에 대해 내가 다 알아야 한다고 착각하던 시절도 있었다. 그것도 내 욕심이다. 모두가 내 마음 같을 수는 없으니까. 때로는 보내줘야 할 때도 있다.

매일 전화 통화를 하고 히히덕거리며 시간을 보내던 친구가 있었다. 그때 우리는 시간이 많았고 조금 한가했었다. 인생의 같은 고민을 함께 나누며 보내던 시기였다. 그 사이가 평생 갈 거라 믿었고 모든 이야기를 터놓는 사이였다.

하지만 모든 것이 영원하지 않았다. 서로의 상황과 처지가 바뀌는 때가 오고 각자의 인생이 달라지는 시기가 있기 때문이다. 내가 행복할 때 그 친구는 더없이 힘들 수 있고, 내가 힘들 때 그 친구는 인생의 황금기였을 수도 있다. 그러다 보니 서운한 마음도 생기고 자칫 마음이 상하다 보면 엄청 가까웠던 사이도 한순간에 미운 사이가 될 수 있다. "어쩜 그럴 수 있느냐? 마음이 어떻게 변하니?"라고 생각할 수 있지만, 그게 사람 관계인 것 같다. 어제는 너무 좋다가도 정말 별거 아닌 일로 갑자기 그 사람이 미워 보일 수 있는. 그건 결국 내 상황이 가장 많이 좌우하지 않을까?

그렇게 나도 친구를 잃어본 적이 있다. 상대가 마음이 상한 것 같은데, 사실 나는 이유를 잘 몰랐다. 그 친구가 다시 화해하고 싶어 할 때쯤 나는 또 여유가 없었다.

그렇게 서로 어긋나는 타이밍이 있다. 연애만 어긋나는 게 아니라, 그저 친구 사이도 충분히 헤어질 수 있다는 것이다. 그렇다고 그 친구를 완전히 잊은 건 아니었다. 좋은 것을 보면 생각이 나고, 그 시절 노래를 들으면 떠올랐다. 하지만 다시 전화해 예전처럼 가까워지기에는 또 살아온 세월이 저만치 흘러버린 것 같다. 시절 인연이라는 말처럼, 그 시절 나를 가장 즐겁고 찬란하게 해준 친구는 그 친구가 맞다. 안 좋은 일이 생기면 지금도 위로할 수 있겠지만, 가장 먼저 달려갈 수 있는 친구는 이제 내가 아닐 것이다.

시간이 많이 지나고 나서 "그럴 수도 있었겠지. 이해가 되고 사정이 있었겠지."하고 생각하게 되었지만, 그 시절엔 참 많이 아팠다. 내가 뭘 그렇게 잘못했나? 내게 왜 이런 일이 생기나? 속상했다. 하지만 누구의 잘못도 아니다. 잘 잘못을 따질 수도 있겠지만 혹시 내 의지와 관계없이 소원해지거나 멀어지는 인연이 온다면, 자연스럽게 받아들이라 말하고 싶다. 내 뜻대로 가장 안 되는 것이 상대의 마음이듯, 내가 아무리 서운함을 토로하고 기분 나빠 한다고 그 사람의 마음을 잡을 수는 없다.

내가 너무 이기적으로 굴었거나, 상대에게 함부로 했다고 상대가 나에게 다그친다면 정확한 사과가 분명 필요할 것이다. 그런 의도가 아니었는데, 그렇게 비춰지는 상황도 있기 때문에. 하지만 깨진 그릇을 다시 새것으로 만들 수 없듯이, 때로는 그냥 그렇게 서로를 이해하고 멀어지는 순간을 받아들여야 할 때도 있는 것 같다.

물론 한 번 깨질 만큼 서로의 마음을 터놓고도 다시 가까워지는 사람들도 있다. 하지만 그것이 어려운 사이라면, 그대로 두는 것도 맞다. 내가 해줄 수 있는 게 한계가 있듯, 내가 누구를 받아들이는 데도 힘이 필요한데, 그런 에너지를 주고받기 어려운 관계라면 조금 떨어져 지내는 것도 옳다. 그리고 또 나에게 힘을 주는 사람에게 집중하며 지내다 보면, 다시 그 시절 인연이 돌아와 나와 함께 빛나고 있을지도 모른다. 내 곁에 있어줬고, 내 곁을 스쳐 지났고, 내 곁에 남을 사람들도 모두 나에게는 소중한 존재이니까.

절로 가라 : 종교 시설 사찰의 의미가 아니라. 저리 가라 여기서 떨어지라는 의미로 사용하는 사투리. 표준어 표현으로 "저리가." "저쪽으로 좀 떨어져." 라고 쓸 수 있다.

생긴 대로 사십쇼

살 집을 구하느라 부동산을 이리저리 돌아다닌 적이 있다. 여러 군데 돌면서 호탕하고 성격이 시원한 소장님을 만났다. 소장님은 이것도 좋은 인연이라며, 차를 건넸다. 그곳에서 계약은 하지 않았지만, 소장님에 대한 기억이 몇 년이 지난 지금도 생생하다. 집값이 비싸 이리저리 고민만 하며 좀처럼 결정을 내리지 못하는 우리에게 소장님이 말했다. "생긴 대로 사십쇼. 단, 비정상적인 일은 매일 일어나고 있다."

"못 사겠으면 안 사도 된다."라는 말이었다. 투자하려면 망설이지 말고, 계약을 하라는 말이었다. "근데 너희들 하는 걸 보니, 투자는 못 할 거 같다. 하지만 비정상적으로 투자에 성공하는 사람은 너 말고도 많이 있다는 것만 알아둬."

명언이었다. 그 "생긴 대로 사십쇼."라는 7 글자가 그날 이후 우리 집 가훈이 되었다. 아무리 자신을 바꾸려고 해도 안 되는 날이면, 우리는 서로에게 말한다. "생긴 대로 사십쇼." 타고난 성격대로 기질대로 살면된다. 어차피 완전히 바꿀 수 없다는 전제하에 서로에게 건네는 말이다.

생각해 보면 이 말은 어디에도 적용된다. 공부할 때, 물건 살 때, 운동할 때, 심지어 진로를 정할 때도. 아무리 옆에서 말해봤자 소귀에 경 읽기. 내가 꼴리는 데로 하고 마는 것이다. 분명히 저 누군가의 조언이 맞더라도, 죽어라 듣지 않는다. 듣는 게 안 된다. 듣고 싶은 데 뜻대로 안 된다. 그래서 "생긴 대로 사십쇼." 다.

매번 남자를 만나고 싶어 하던 친한 언니가 있었다. 하지만 언니는 기준이 높았다. 키는 몇 센티미터 이상이어야 하고, 직업은 좋았으면 좋겠고, 외모도 나쁘지 않았으면 좋겠다고 했다.

모두의 바람이다. 나는 항상 말했다. "언니, 한두 개는 내려놔야 시집갈 수 있어." 언니는 내려놓지 않았다. 설득해도 소용이 없었다.

"생긴 대로 사십쇼."

매번 회사를 그만두고 싶다는 친구가 있었다. 10년 동안 만날 때마다 같은 말을 했다. 회사에서 뛰쳐나가고 싶다. 너무 지겹다. 다른 삶을 살고 싶다. 내일도 출근해야 한다니 진저리가 난다. 하지만 친구는 단 한 번도 가슴 속 사표를 꺼낸 적도 그 흔한 휴직도 한 적이 없다. 오늘도 한숨 쉬면서 출근한다.

"생긴 대로 사십쇼"

재밌게 살고 싶다고 늘 입버릇처럼 말하는 선배가 있었다. 선배는 주중이든 주말이든 퇴근하면 누워 있었다. 남들이 뭐 하는지는 늘 궁금해했다. 남들이 재밌게 사는 모습을 너무너무 부러워했다. 그러나 오늘도 그는 누워서 (다른사람에게 심심해서) 뭐하냐고 톡을 보낸다.

"생긴 대로 사십쇼."

그래, 생각해 보면 말은 그럴싸하지만 진짜 뜻대로 되지 않는다. 내 마음자리 하나만 바꾸면 될 것 같은데. 마치 큰 건물 하나 내손으로 옮기는 것처럼 어렵게 느껴진다. 오죽하면 매일 가기 싫은데도 단 한 번을 인생을 바꿔보려 못할까. 그렇게 "생긴 대로 사십쇼."를 듣는 건, 난 진짜 너무너무 싫다. 생긴 대로 살고 싶지 않다. 바꿀 수 있다면, 더 나이 들기 전에 나 자신을 한번 바꿔 보고 싶다. 그리고 사람들에게도 바꿔보라고 말하고 싶다. 그거 하나 바꾼다고 내인생이 통째로 날아가는 것도 아니고, 한 번 고쳐먹으면 지금까지 시도하지 못했던 더 큰 것을 경험할지도 모른다.

생긴 대로 살 수밖에 없는 이유는 새 경험이 마음 가까이에 오지 않았기 때문이다. 나 한번 바꿔보기 딱 좋은 나이가 지금 아닌가? 살 만큼 살아 봤고, 알 만큼 알아 왔고, 일도 할 만큼 해봤고, 이쯤 되면 내가 뭐하나 바꾼다고 세상이 바뀌지 않는다는 것 알잖아? 그리고 망하지 않는 다는 것도! 그럼 그냥 나를 조금 던져보면 안 될까? 생긴 대로 살지 말자. 그리고 정말 내 고집이 안 꺾일 때는 적어두자. 내 모습이 제일 싫은 것부터, 하나씩 안 되더라도 좀 바꿔보자.

"생긴 대로 사십쇼."

오늘도 들으니 열받네. 다른 생김으로 살도록 노력해야지.

생긴 대로 사십쇼 : 비꼬는 듯한 표현의 말. (쇼)가 들어가면 그렇게 하라는 의미로 쓰이는 사투리로 전라도에서도 많이 사용한다. "생긴 대로 사세요." 라고 표준어로 쓸 수 있다.

아따 대다

각종 릴스나 SNS를 보면, 나이 들수록 좁아지는 인간관계 이야기가 대부분이다. 20대에는 친구가 많고, 30대는 친구를 정리하고, 40대에는 강아지랑만 놀고 있다는 짤들이 사람들에게 웃음을 준다. 하지만 그 웃음 뒤에는 어쩐지 씁쓸함도 남는다.

이렇게 내가 친구가 없었나 싶고, 만나면 뭐 해? 하고 허탈하게 넘기는 경우가 많다. 때론 어떤 작가들은 친구가 사치라고도 말하고, 한두 명만 있으면 충분하다고 말하기도 한다. 그래도 우리 주위에는 친구가 많은 사람도 여전히 많고, 혼자 노는 것이 더 즐거운 사람도 많다. 억지로 인간관계를 만들어서 모든 활동을 해 나갈 필요는 없지만, 40대에 인간관계가 변화하는 정도와 그 이유를 이제는 조금 알 것 같다.

바로 체력 때문이다. 더 이상 그렇게 나가서 놀 체력이 없다. 진심으로 웃프다. 정말 웃기고 슬픈 이야기다. 그래서 인간관계가 변하게 되는 것이다. 내 성격이 바뀐 게 아니라(물론 바뀌었을 수도 있지만) 체력이 그만큼 따라주질 않는다.

20대 때는 나가서 노는 것만으로도 아무렇지 않았지. 여기서 놀다 저기까지 가는 건 일도 아니었지. 밤 늦게까지 술을 마시고 놀아도 다음 날이면 멀쩡하게 일어나서 학교에 갈 수 있었다. 30대 초반까지만 해도 체력이 조금 떨어지긴 했지만 여행 가서 다음 날 바로 출근이 가능했단 말이다.

지금은 어떨까? 진실로 버티기 한판이다. 조금만 놀았다 싶으면 드러눕고 싶고, 오후가 되면 해가 지듯 내 눈꺼풀도 내려온다. 여행이라도 다녀왔다 싶으면, 그다음 한 주는 사는 게 괴롭다. 주말에는 병원행이나 하루 종일 누워 있어야 하는 상황이 된다.

체력이 올라오려면 이제는 그만큼의 시간이 필요하다. 다행히 나는 체력이 조금 좋은 편이라서 그나마 아직도 많이 돌아다니고 많이 일하는 편이긴 하다. 하지만 이런 나도, 일을 마치고 친구를 만나서 놀고 싶지만 이제 자신이 없다. 이미 일하면서 체력을 다 써버렸기 때문이다. 그러니 누군가를 만나 오래도록 이야기를 듣거나 마음이 맞지 않는 친구와 시간을 보내기엔 시간이 아깝다기보다 내 체력을 아껴야 할 때라는 의미다. 그래서 자연스럽게 관계가 줄어드는 것처럼 느껴진다. 일하고 나서 쉬어야 하고, 일하고 나서 아이를 돌보아야 하고, 일하고 나서 누워야 하니, 누군가를 만나거나 시간을 보내며 쓸 힘이 부족해진 것이다.

어릴 땐 내 에너지를 뺏는 친구들도 많았다. 나 역시 누군가의 에너지를 뺏는 사람이었을 수도 있다. 성격이 안 맞고 가치관이 달라도 "그래도 우리 오래 봤으니까, 오랜 친구니까." 하면서 지내긴 하지만 만나고 나면 씁쓸한 "이 사람이 진짜 내 사람인가." 하고 반문하게 되는 사람. 주위에 꼭 있다. 그렇게 체력을 뺏겨 버리면 예전에는 일어날 힘이 있었겠지만, 지금은 그럴 만한 체력이나 힘이 남아 있지 않다는 것이다.

그래서 시간이 갈수록, 나에게 에너지를 주는 사람이 필요하다. 만나면 기분이 좋아지고 나를 다시 살게 해주는 사람. 또 내가 힘이 들 때 힘을 얻고, "그래 달려보자, 내가 네 덕에 웃는다." 할 수 있는 그런 사람들.

나의 소리를 듣고 내 에너지를 찾는 것도 매우 중요하다. 혼자 있는 사람이 다른 사람과도 잘 지낼 수 있다고 말하는 것처럼 나 스스로 어떻게 에너지를 충전할 것인가 찾는 것도 내가 해야 할 몫이다.

이제 우리의 체력을 탓하자. 내가 인간관계를 좁게 만든 것도, 상대가 나를 떠난 것도 다 체력 탓이야. 이제 그만큼 감당하기엔 이미 우리는 우리의 열정과 에너지를 너무 써 버린 상태기 때문이야. 그래도 이 안에서 만날 수 있는 사람과 만날 때마다 즐겁게 만나지 못해도, 상대를 잊은 건 아니라는 것쯤은 생각하면서. 그렇게 조금 단순하면서도 즐겁게 지내는 법을 배워가자.

아따 대다 : 너무 힘들다는 사투리. 대다는 "힘이 빠질 정도로 힘들다."는 의미로 쓴다. 아따는 추임새로 "아! 아이참!" 정도의 의미다.

04.

자기관리

어떤 유혹에도 흔들리지 않는 불혹이라는데,
어째 요즘 이 세상은 완전 흔들려
자빠질 것 같은 일들만 난무하다.

마이 비잡네

초보 엄마였던 나는, 아이가 처음 학교에 가기 시작했을 때 역시 열정, 열정, 열정이 넘쳐났다. 제대로 된 학부모가 되겠다는 일념 하나로, 완벽해질 수 있다고 착각했다. 하지만 애미가 완벽하지 않은 터라 아들도 두말할 나위 없이 완벽하지 않은 친구였다. 그럼에도 나는 이전에 나를 잊고 모든 것이 완벽하고 싶었다. 그래서 오버했다. 숙제는 몇 시에, 학원은 몇 시까지! 선행학습도 미리 조금씩 해놓을 것.

지금 생각하니 진짜 나 웃기고 있네. 지가 20년 동안 해온 일도, 가끔 원고도 다 못 읽고 벼락치기 (공부하고 방송)할 때도 있으면서, 그러면서도 나는 나를 보지 못하는 법.

열심히 아이를 다그쳐 가며, 하기 싫다는 공

부를 눈물 쏙 빼가며 시키고, 왜 이해를 못 하느냐며 수학 문제를 더 풀자고 다그치곤 했다. 학창시절 4학년 때 쯤 살살 마음에서 수학을 포기하기 시작하는 나로 썬, 나 같은 괴로움을 겪지 말라는 부모의 큰 그림이기도 했는데 아니나 다를까, 엄마 아부지 를 닮아 나만큼, 지아빠 만큼 아이도 수학을 괴로워했다. 그래서일까, 우리는 수학 문제를 풀 때마다 싸웠다.

그게 머시라고(뭐라고), 저녁 생방송을 마치고 돌아와 화장도 못 지운 채 아이의 공부를 봐주었고, 아이는 씻지도 않고 풀 메이크업된 엄마 얼굴 아래 애정을 받을 결틀도 없이 엄마가 들이닥치자 혼이 나기 시작했다.

나는 괴로웠다. "왜 나는 화장도 못 지우고 이러고 사나. 내가 뭘 그렇게 잘못했나?" 사실 아들도 속으로는 그랬을 거다. 우리 엄마는 왜 저렇게 진한 화장을 하고 방송에선 생글대고 웃더니 나에게 이러나. 혹시 이중인격자인가? 라고 속으로 생각했을 것이다.

지쳐가던 우리에게 자극을 준 건 바로 운동이었다. 아들과 함께 운동을 나갔냐고? 절대 아니다. 할 일도 안 해 놓고 나가서 같이 운동을 했다면 아마 더 싸웠겠지.

사실 그때 나는 너무 지쳐가고 있었다. 체력이 후달리기 시작했던 나는 어떻게든 살아보겠다는 마음으로 운동을 해야겠다고 생각하던 중이었다. 너도 괴롭고 나도 괴로운 시간이라면, 잠시 서로를 피해 있는게 더 낫겠다고 마음먹었다. 아들을 재워놓고 운동하러 가는 게 아니라 서로 부딪치는 시간이 오면 "그래, 내 건강 해치지 말고 가서 뛰자."라고 맘을 먹었다. 그렇게 아이와 부딪칠 때마다 헬스장으로 뛰어가 러닝머신을 달렸다. 여의치 않은 날은 동네를 뛰었다.

분노하던 마음은, 집을 나와 십 분쯤 몸을

움직이고 달리고 나면, 순간 참지 못하던 아이에 대한 미움도 사라지고 뛰면서 노래 한 곡을 듣고 돌아오면 30분이라는 시간이 더없이 행복하게 느껴졌다. 아이에 대한 마음을 잠시 잊고, 온전히 나에게 집중할 수 있었다. 그리고 일을 마치고 운동으로 흘리는 땀의 기쁨은 이루 말할 수 없었다.

신기하게도, 그 후 부딪칠 때마다 운동하고 돌아오면 아이를 향한 감정이 미안함이나 고마움으로 바뀌었고 새롭게 시작할 힘이 생겼다. 그리고 스스로 정화됨을 느꼈다. 더 놀라운 건, 그렇게 돌아오면 아이가 스스로 자기일을 해놓고 있었다는 것이다. "엄마, 운동 간 사이에 내가 했어."라며 기특하게 웃어 보였다. 내가 할 수 있는 것이 있고, 내가 하지 않아도 스스로에게 시간을 줘야 하는 일도 있다고 깨닫게 된 순간이었다.

뭐든지 잘하고 싶고, 내가 해결해야 한다는

성향이 강한 내가, 아이를 키우며 배운 건 나는 아이의 인생을 대신 살아줄 수 없다는 것이었다. 내가 낳아주긴 했어도, 내 뜻대로 되는 것도 나와 같은 스타일도 아니라는 사실이었다.

그렇게 내가 스스로 괴로워하던 그 시간 안에, 나를 찾고 나를 돌보고 내가 온전히 다시 내 감정으로 돌아오면, 아이도 자신만의 시간을 찾아 스스로 해야 할 일을 생각하고 해결해 나간다는 것이었다.

가까이 붙어 있을 땐 몰랐다. 그저 내가 해줘야 하고, 내 의무가 많아 스스로 지쳐가는 나를 보며 화만 났을 뿐이었다. 돌아보니, 아이는 아이만의 패턴과 호흡대로 가고 있었고, 문제는 내 호흡이 무지 빨랐을 뿐이었다. 화가 나고 속상할 때, 술이나 분노를 선택하지 않고 내 자신을 사랑하기 위해 그때마다 냅다 달린 나 자신에게도 칭찬해 주고 싶다.

운동은 이제 우리 나이엔 선택이 아닌 필수다. 우리가 무엇을 하려면 가장 먼저 어려워지는 것이 체력이다. 사랑하는 사람이 미워질 때, 누군가가 버거울 때, 운동으로 나를 맡기자. 서로에게 좋은 에너지를 줄 것이다.

오늘도 나는 또 뛰기 위해 헬스장으로 간다. 물론 아직 살은 많이 빠지지 않았다. 그래도 아프지 않으니, 그것만으로 충분하다. 그리고 아들과 더 행복해졌으니 더할 나위 없다.

마이 비잡네 : 많이 좁다는 뜻의 경상도 사투리.
"많이 좁다." "여기 좀 좁지 않아?" 식의 표현으로 쓸 수 있다.

쪼매만 있어바바

방송인이라는 내 직업을 엄청나게 사랑하지만 멀리 가는 일은 버겁다.

기본적으로 나는 하루에 100km를 운전한다. 출근할 때 50km, 퇴근할 때도 50km. 친한 작가 언니들은 "너는 이제 화물차 기사님들과 다를 바가 없다."라고 이야기한다. 남들은 평생 탈 킬로 수를 다 타고 두 번이나 차를 바꿔야 하는 경우도 많다. 촬영과 방송은 장거리가 많지만, 그래도 프리랜서인 나에게 늘 불러주시는 곳이 있다는 것은 정말 감사한 일이다.

하지만 나도 사람인지라, 정말이지 하루 2시간 이상 이동 거리의 촬영은 혼을 쏙 뺀다. 왜냐하면 이미 도착하면 운전 때문에 녹초가 되어 있기 때문이다. 가는 것만으로도 지치는데, 그때부터 입을 털어야 한다. 몇 년 전 KBS 특집 <별의별 중계>라는 촬영을 했다. 원래 2019년에 있었던 프로그램인데, 지역에서 좋은 프로그램으로 선정되어 시즌2를 4부작으로 다시 진행했다.

촬영을 위해 집에서 4시간 거리인 전북 임실로 이동했다. 방송국까지 또 한 시간 걸려 운전해 도착한 후에도 방송국 차로 3시간을 꼬박 이동했다. 이미 정신은 몽롱하고 차를 오래 타서 다리는 후달 거리고 정신은 몽롱하다. 그럴 때 나는 생각한다. 멘탈 나갈 때쯤, 정말 버틸 수 없을 것 같을 때, 나는 혼자 마인드 컨트롤을 시작한다.

"잘 봐. 몇 시간만 지나면 돌아가는 차 안이다. 진짜야. 이게 하루 종일 계속되냐? 낮이 되고 저녁이 되고 밤이 와. 어 끝났네. 하고 끝나 있다니까!"

내리기 전, 그렇게 되뇌면 모든 게 괜찮아진

다. 약간 도라이 같은가? 근데 이게 힘을 준다. "아 언제 하나, 아 왜 이렇게 멀리 왔나?"하고 생각해 봤자 결국 나만 힘들다.

너무 힘들고 추운 촬영일 때도 "시간 조금 지나면 따뜻한 곳에 들어앉아 있을 거야, 하루 종일 춥겠냐?"라고 생각해 버린다. 나 좀 불쌍한가? 이렇게 쓰고 있자니 조금 불쌍한 것 같기도 하네. 그런데 정말이지 이렇게 "몇 시간 후면 밤이 되겠지, 벌써 끝났네. 돌아가는 차 안 일 거야."라고만 생각하면 기가 막히게 돌아가는 길에 모든 게 감사로 넘쳐난다.

오랜 일을 하며 터득한 노하우일지도 모른다. 결혼생활이나 싫어하는 일을 할 때도 적용할 수 있다. 명절에 시댁 가면, 아무리 잘해주셔도 다들 지치는 것처럼 가기 전부터 우거지상만 쓰고 있어봤자 식구들 사이만 냉랭해진다. 그럴 때 "잘 봐, 또 곧 저녁이 될꺼야."라고 생각하면 언제 그랬냐는 듯 "어머니 가볼게요."하고 "금방 또, 저녁이 된다."라고 되네이면 "진짜 안녕."하 고 갈 수 있는 시간이 된다.

내 맘 하나 잡기가 갈수록 더 힘든 세상 같 다. 불평은 많아지고, 가진 것은 초라하게 느껴 지고 남들과 비교하면 더 우울해지잖아. 그래서 감사한 일을 앞에 두고도, 내 속도로 가고 있는 데도, 잘하고 있다고 느끼다가도 누군가 더 잘사 는 모습을 보면 "난, 여기서 뭐 하고 있나." 하는 자괴감을 느끼게 되는 게 요즘 세상이다.

더군다나, 어떤 유혹에도 흔들리지 않는 불 혹이라는데, 어째 요즘 이 세상은 완전 흔들려 자빠질 것 같은 일들만 난무한다.

그럴 때 "잘 봐, 어차피 밤이 될 거야, 잘 봐 금방 끝난다?"라는 자신의 한마디가 나를 더 일 하게 하고, 더 잘하게 하고 상황을 심각하지 않게 느끼게 하는 무기가 된다.

　너무 잘 살아서 배 아픈 친구에게도 적용할 수 있다. "잘 봐. 저 아이가 누리는 호사도 곧 지나간다. 곧 밤이야. 일장춘몽이거든."

쪼매만 있어바바 : 조금만 기다리라는 뜻의 경상도 사투리. "조금 있어 봐." "잠시만 기다려 봐." 등의 표준어 표현이다.

그마이 좋나?

"현생에 치인다."라는 말을 하는 사람들에게 시간이 남아돌아서 그렇다고 생각한 적이 있다. 방송일도 오래 하고 연극도 했던 나는, 무대라는 것이 가끔 답답하게 느껴질 때가 있었다. 그래서 몇 년 동안 꼭 보고 싶은 뮤지컬이나 공연도 공연이 없었다.

내 눈으로 보고 즐기는 여행을 더 좋아하며 살았던 시절이 더 길어서 그랬는지도 모르겠다. 아니면, 그냥 사는 게 바빠서 공연들이 다 허무하게 느껴졌는지도 모르겠다.

사람들이 빠져서 보는 드라마도 집중한 지 오래고 유튜브도 웃긴 것만 찾아보기 바쁘게 살던 어느 날, 우연히 비투비 이창섭을 보게 됐다. 노래는 이미 라디오를 진행하다보니 자주 틀어서 알고 있었지만, 그저 "이 팀은 노래가 좋다."
라며 들었지 큰 관심은 없었다. 그런데 웬걸, 유
튜브 <컨텐츠 전과자>에서 너무 멘트를 잘하는
모습을 보면서 희열을 느꼈다.

　같은 일을 하고 있어서인지, 너무 기발하고
재밌고 센스 있게 느껴졌다. 그때부터 노래를 찾
아 듣다가 마침 멤피스 뮤지컬 공연 중이라는 걸
알게 됐다. 주저하지 않고 바로 표를 끊었다. 직
접 라이브로 듣고 싶었다. 본업은 얼마나 잘할
지 궁금하기도 했다. 정말 오랜만에 보는 뮤지컬
이었다. 뮤지컬에 한 번 빠지면 재산탕진을 면치
못한다는 말이 사실로 느껴질 만큼 많은 관객이
공연장에 있었고 팬들의 열기도 뜨거웠다.

　그날 무슨 행운이 따랐는지, 열심히 했던 티
켓팅 자리가 오른쪽 끝 앞이었는데, 세상에 거기
서 이창섭 배우가 너무 자주 나타나는 게 아닌
가? 오랜만에 살아 있음을 느꼈다. 완전 심장이
콩닥거리고 소녀 시절로 달아간 마음이 되살아

났다. 그러면서 노래도 좋고 연기도 잘하는 모습에, 또 한 번 반했다.

원래 학창 시절도 전혀 연예인에 관심이 없고, 아이돌을 좋아한 적도 없어서 혼란스러웠다. 찾아보니 그걸 <입덕 부정기>라고 불렀다. 그 사람을 좋아하는 마음을 부정하게 되는 시기라는 말이었다.

그 후 나는 이창섭 공연은 꼭 가는 팬이 되었다. 확실히 라디오 진행을 하고 있다 보니 가끔 노래도 틀게 되고, 또 좋아하면서 예능에 나오는 모습을 지켜보는 것도 참 좋다. 그야말로 사람 대 사람으로 응원할 대상이 생긴다는 것이 기쁘게 느껴졌다. 잘됐으면 좋겠고, 좋은 가정을 꾸렸으면 좋겠고, 하고 싶은 일을 잘해 나가는 모습에 나 역시 동기부여도 된다. "뭐야? 이 나이에 연예인까지 좋아하고? 사는 게 힘들어?"라고 말하는 주위 사람들도 있다. 유치하게 왜 그러냐고 이야기하는 사람도 있다. 반대로 "그게 즐거움이지~ 얼마나 활력이 되는데?"라며 자기 좋아하는 연예인을 보여주며, 더 열심히 좋아하라고 응원해 주는 사람도 있다.

그런데 나는 확실히 삶에 원동력을 얻었다. 더 재밌고 나도 내 일을 잘해 나가야겠다는 생각까지도 든다. 자연스럽게 문화생활로도 연결이 되는 게 신기하기도 하다. 찾아볼 것이 생겼다는 즐거움도 있다. 그런데 가끔 너무 많이 보다 보니 현실 타격이 올 때도 있다. "정신 차리자, 그만 보고."하며 다독일 때도 있다.

심리적으로, 남자들은 차를 사거나 집을 사며 어릴 때의 모습으로 돌아가고, 여자들은 누군가를 좋아하며 팬이 될 때 어릴 적 자기 모습을 찾아 나선다고 한다.

어떤 일 때문에, 무엇을 해야 하는 것이 아니라 의무와 책임이 아닌 그냥 무엇을 보고 좋아하는 것. 그런 아무 생각 없는 마음을 갖는 시간, 그런 게 필요한 것 같다. 무기력해졌을 때 무엇에 빠지거나 진짜 좋아해 보는 것도 나름 즐거움이 될 수 있다.

코로나가 심했을 때, 라디오에서 전화 연결을 하면 언제나 청취자의 80%는 "가슴으로 낳은 아들 임영웅 덕분에 이 괴로운 시기를 버텼다."라고 말했다. 그만큼 외출할 수 없는 마음을 노래로 응원하며 버틴 것 같다. 우리도 노래를 틀어드리고 마음을 전하며 또 위로해 드릴 수 있어 좋았다.

그때는 몰랐지만, 지금은 조금 알 것도 같다. 누군가를 마음 다해 응원해 주는 일, 잘되길 바라며 좋아해 주는 일. 그것이 또 사는 즐거움인 것 같다. 결론은 아줌마 팬으로서 좋은 사람 만나 좋은 가정을 꾸리고 이창섭 가수와 비투비가 오래 공연과 노래를 해주길 바라는 마음. 그런 마음으로 흐뭇할 수 있어 즐겁다.

그마이 좋나? : 그렇게 좋으냐는 질문의 의미다.
표준어로 "그렇게 좋아?" " 그만큼 좋은 거야?" 등
의 의미의 표준어로 사용된다.

대 죽겠다 고마

돌아서면 잊어버리는 건 다반사요, 기억이 안 나는 건 너무나 당연한 일. 어제 무엇을 했는지, 무엇을 먹었는지 빨리 나열하기 힘들다. 왜냐? 그만큼 바쁘게 살았다고 포장하고 싶지만, 기억력이 현저히 떨어져 가는 시기이기 때문이다.

기억력만 떨어질까? 체력이 예전 같지 않다는 것은, 슬프게도 인정할 수밖에 없다. 이전에는 하루 종일 쇼핑을 해도 다른 핫플에 가서 한번 더 보고 쇼핑하는 게 당연했는데, 이제는 "한번 더 보긴 뭘 봐, 일단 앉아서 커피 한잔하자." 그 말부터 나온다.

친구를 만나도 핫플은 먼저 가서 구경하는 게 아니라 "의자 편한 곳 어디 없니? 요즘 카페는 왜 이렇게 의자가 불편한 거야?" 그만큼 편한 걸 찾게 된다. 그래서 중요한 건 뭐다? 바로 내 건강을 완전하게 돌봐야 할 시기라는 것이다.

국가 검진은 기본이요, 부차적으로 할 수 있는 건강검진은 일단 다 해 놓는 게 중요한 시기인 것 같다. 조기 검진으로 병도 잡을 수 있으면 땡큐인 나이가 된 것이다. "내게 왜 이런 일이." 이런 말 말고, 안 아파서 건강하게 오래 즐겨야지, 하는 마음으로 검진을 미루지 않는 것은 너무 중요한 일인 것 같다.

최근에 내 주위에도 많은 선후배들이 아팠다. 너무 아파서 큰 수술을 받는 사람도 있고, 다행히 조기에 발견되어 꾸준히 검사받는 사람들도 많다. 나는 이 나이쯤 되면, 정말 중요한 건 내 주치의 한 분쯤은 있어야 한다고 생각한다. 분명히 가족력을 비롯해 내게 안 좋은 장기들이 있을 것이다. 장기만 그럴까, 약한 부분은 정말 많다. 꽃가루 알레르기 계절에는 코 때문에 고생

하는 사람, 피곤하면 이명이 와서 귀가 괴로운 사람, 나처럼 말하는 직업을 가진 사람은 기관지 조심이 제일 중요하다. 우리 이제 40년을 넘게 써 온 기계인데, 고장 나는 것도 당연하고, 고치며 아껴야 하는 것도 당연하다.

심지어 우리 가전제품 중에 40년 쓴 건 거의 없잖아. 있다면 진짜 희귀하거나, 잘 만들었거나, 아니면 그 회사에서 땅을 치고 후회할 일이거나. 그러니 우리 몸도 고장 나는 건 어쩌면 당연지사. 그래서 정말 나를 잘 아는 의사 선생님 한 분은 꼭 계셔야 한다.

오랜 가족력에 지병이라면 혹시 모를 큰 병을 대비해 종합병원에 내 이름 정도는 등록해 놓고 수시로 검진받는 게 좋고, 또 계속 약을 타 먹어야 하는 꾸준한 질환이라면, 더더욱 종합병원에서 나를 계속 맡아줄 담당 선생님을 정해 놓는 것이 무조건 좋다고 생각한다.

실제로 병에 걸리거나 검사받을 때 많은 사람이 자신이 잘못한 것처럼 숨기거나 주변 사람에게 솔직하게 이야기 하지 않는다. 나는 병은 정말이지 널리 널리 알렸으면 좋겠다. 그건 부끄러운 일도 아니고 누구나 겪을 수 있는 일이다. 그런데 우리가 주위에 내 병을 알리고 사람들에게 이야기하는 순간, "안 됐다."라는 시선만 있는 것이 아니라, 주변 사람들은 정보를 주려고 한다. 내가 아는 분이 여기 갔는데, 그 선생님 너무 잘 보신다더라, "나도 그런 일 있었어." 하며 새로운 위로뿐만 아니라, 제대로 된 병원의 정보까지도 얻을 수가 있다. 혼자 찾아보려면 막막하거나 몇 번을 반복해야 하는 일들이 주위의 도움을 받으면 훨씬 편하게 알 수 있다는 것이다.

보험도 마찬가지다. 반드시 필요한 보험들이 있고, 그동안 바빠서 확인도 못 하고, 타지도 못하고 그대로 가지고 있는 보험들도 있다.

우리 나이면 이런 정리를 통해 반드시 한 번 더 보장을 확인하고, 내가 필요한 게 무엇이고, 불필요한 게 무엇인지 점검했으면 좋겠다. 앞서 언급했던 것처럼, 보험 중에는 큰 병이 생겼을 때 먼저 대학병원 교수님께 진료받을 수 있는 <미리 예약 제도의 보험>도 있다. 어쩌면 보장받는 것보다 먼저, 빠르게 의사 선생님을 만나는 게 급선무니까. 나는 이런 보험제도는 반드시 이용했으면 좋겠다. 그리고 불이익을 당하지 않도록, 2년마다 나라에서 하는 검진은 무리해서라도, 반드시 받았으면 좋겠다.

병원을 무서워하면, 병은 더 무섭게 커져 있을 지 모른다. 그저 간단하게 받을 수 있는 치료도 내가 늦춰서 큰 병이 되지 않게, 지금 이 나이에 우리는 내 몸을 가장 아끼고 관리해야 한다. 그 시작은, 병원을 두려워하지 않고, 맛집에 가듯 커피를 마시듯 가까이 대하는 일일 것이다.

　　이왕이면 건강하게 오래도록 지금을 즐기는 것이 결국 가장 행복한 일이니까.

대 죽겠다 고마 : 대다, 힘들다, 지친다는 뜻의 경상도 사투리. 대 죽겠다는 표현은 힘들어 못 살겠다는 의미로 쓰인다. 표준어로 "너무 힘들다."라고 표현할 수 있다.

인자, 알 때 안 된나?

퍼스널컬러, MBTI 나를 알아가야 하는 이 시대의 테스트는 너무나 많다.

사실 40대에 익숙한 것은 MBTI가 아니라 혈액형이다. 퍼스널컬러도 아니고 그냥 '나랑 안 맞는 색' 정도일 것이다. 나를 알고자 하는 마음이 더 커지고, 상대에 대한 마음을 오해하지 않기 위해 우리는 열심히 테스트한다. 상대를 알면 시행착오를 겪는 시간도 줄어드니까, 당신은 어떤 사람인지 궁금해하는 것이다. 하지만 부작용도 있다. 그 MBTI 안에 우리를 가두고, "넌 그런 사람이야."라고 단정 짓기 쉽다.

내 퍼스널컬러가 아닌 색을 알게 되면, 그쪽 색깔에 대해선 전혀 관심이 없어진다. 아예 피하는 사람도 꽤 많이 봤다. 그래서인지 오히려 단정 짓고 차단해 버리는 경우가 많아 아쉬울 때도 있다. 하지만 또 중요한 건, 이쯤 되면 우리가 서로에게 어울리는 것들은 좀 알아야 하지 않나 하는 점이다.

주구장창 베이지색 옷만 입는 친구가 있었다. 아무리 봐도 나는 쨍한 색이 더 잘 어울리는 친구같은데 그 친구는 정말이지 한결같이 선명하지 않은 색만 선호했다. 옷은 늘 같은 색이었고 옷장을 열면 베이지 천국이었다. 그래서인지 친구는 성격도 선명하지 않게 변해갔다. 물론 쨍한 색을 입는다고 해서 성격이 선명해지는 건 아니다. 하지만 확실하지 않은 색을 선호하다 보니 어떤 일을 결정할 때도 묻어가고 싶은 마음이 크다고 했다. 지금쯤이면, 안 해보던 것들도 도전해 보면 좋을 것 같은데.

어떤 친구는 평생 살아도 자기에게 맞는 화장품이 뭔지 모르겠다고 했다. 이걸 쓰면 들뜨고 저걸 쓰면 커버가 안 되고, 모든 게 돈 아깝게 느껴진다고 했다. 하지만 오늘도 그 친구는 올리브영에 가서 새 제품을 확인한다. 그러고 나서 쓰던 걸 날 준다. "왜 그러냐? 이제 찾을 때 안 됐냐? 갖다버린 돈만도 얼만데."

사실 우리는 연예인도 아니고, 그렇게 많은 옷을 입을 기회나 화장품을 써볼 기회가 많지 않다. 나는 직업인으로 방송을 하고 있어서 협찬받는 옷 때문에라도 어느 스타일이 어울리고 어느 스타일은 정말 아니라는 정도는 알고 있다. 그래서 내 옷을 고를 때는 브랜드를 한 번 확인하고, 잘 맞는 스타일이다 싶으면 인터넷에서 그런 스타일로 사려고 노력한다.

아무래도 쇼핑하다 보면 촉감이나 질감이 나에게 잘 맞는 옷들 정도는 발견했을 것이다. 그런 위주로 구매하면 실패를 훨씬 줄일 수 있다. 그리고 그 브랜드들의 아울렛이나 인터넷으로 지난 시즌 옷들을 찾아보면 신상품이 아니더라도 훨씬 괜찮은 옷을 만날 수 있다. 절약도 되고, 마음에 드는 쇼핑이 될 것이다. 모든 옷을 체크하며 살기 어렵지만, 이쯤 되면 내가 선호하는 브랜드나(비싼 명품이 아니라도) 내게 어울리고 맞는 옷들을 찾을 수 있었으면 좋겠다.

　생각해 보면 얼굴 화장도 정말 오래 두들기고 살았잖아? 그런 것들에 대해서도 나에게 맞는 컬러를 고집해서 찾았으면 좋겠다. 우리는 더 이상 어린 나이도 아니고, 그렇다고 뽀송한 나이도 아니자나. 이왕 돈을 쓴다면, 나에게 맞고 어울리는 것을 진짜 찾아야 할 나이가 지금인 것 같다. 생각해 보면 예전처럼 불편한 신발을 신고 하루 종일 걸을 수도 없고, 몸에 안 맞는 옷을 입고 하루 종일 일할 수도 없다.
　내 몸과 내 스타일에 맞는 화장법, 그리고 옷 브랜드를 잘 고르는 것만으로도 정말이지 센스 있는 이 나이를 즐겁게 보낼 기회라고 생각한다. 어릴 때야 아무거나 입어도 이쁘지. (물론 다 이쁘진 않더라.) 그래도 우리는 이제 아무거나 입거나 아무거나 바르면, 내 피부는 말을 듣지 않을 뿐만 아니라, 내 몸도 예전 같지 않아 자존감마저 떨어뜨릴지도 모른다.

셀카를 많이 찍으면 어떻게 해야 예쁘게 나오는지 안다고 한다. 여자 친구를 많이 찍어준 남자 친구는 사진의 각도를 안다. 역시 많이 입어보고 많이 발라보는 게 답이다. 돈을 엄청나게 쓰라는 게 아니라, 나에게 공을 들이고 연구를 해보라는 것이다.

나를 자신 있게 만들어주는 옷, 그리고 나를 편안하게 걷게 해줄 신발, 나를 투명하게 보이게 할 화장품 정도는 우리 갖추고 지내자. 그리고 혹시 모를 경조사에 필요한 격식 있는 옷 한 벌도 비싼 것이 아니더라도 내 몸에 맞는 걸 고르

면, 남이 보는 나보다 내가 보는 내가 훨씬 기분
좋게 만들 것이다. 그것도 내 자신에 대한 진정
한 관심이다.

 : 이제 알 나이가 되지 않았냐는
뜻의 경상도 사투리.

표준어로 "이제 그만하면 충분히 알 나이가 되지
않았니?"라고 표현할 수 있다.

니 쪼 대로 해라

몇 년 전부터였을까? 귀에 꽂는 무선 이어폰이 인기를 끌었다. 사실, 그거 하나쯤은 다 가지고 있겠지? 나는 없다. 일단 선이 없는 게 불편하다. 게다가 잘 잃어버리는 나로서는 딱 다음날 잃어버리기 좋은 사이즈다. 그래서 사지 않았다. 게다가 남들보다 귓구멍이 많이 작다. 귀도 작고, 귓구멍도 작아서 안 들어가거나 흘러내린다. 한마디로 나와는 어울리지 않는 친구인 것 같다. 그렇게 많은 사람이 무선 이어폰을 구매할 때도 나는 꿋꿋하게 줄 이어폰을 한 번도 버리지 않았다.

어느 날 횡단보도에서 신호를 기다리는데 나 혼자만 줄 이어폰을 착용하고 있었다. 모두가 무선 이어폰을 끼고 건너갔다. 누군가 슬며시 나를 쳐다보는 시선이 느껴졌다. "에이 설마, 아니겠지." 생각했는데 길 건너편에서 우연히 아는 부부를 만났다. "야, 생활이 많이 어렵냐? 무선 이어폰 하나 사라, 누가 요즘 이거 쓰냐?" 동네방네 크게 이야기하며 나에게 면박을 줬다. 아뇨. 무선 이어폰 안 쓰면 시대에 뒤떨어진 거냐? 갑자기 화가 치밀었다.

"내가 불편하고 싫은데, 왜 그걸 써야 하는데? 정말 이해가 안 되네."

그리고 시간이 지나면서 트렌드도 변하고, 다시 유선 이어폰을 쓰는 사람이 늘어나고 있다. 나는 뭐 물론 여전히 유선 이어폰이다. 왜 유행을 따라야 하고, 굳이 남들이 하는 대로 가야 할까? 물론 그게 좋은 사람은 얼마든지 즐겁게 즐기며 사용할 수 있지만, 내가 하고 싶은 스타일도 아닌데 왜 그걸 써야 하는지 나는 정말 모르겠다.

소비 습관에도 사람마다 다른 포인트가 있다. 인스타그램이나 유튜브에 광고만 뜨면 무조건 나도 모르게 홀린 듯 사는 사람이 있다. 분명히 필요하지 않았는데도 광고만 뜨면, 그게 그렇게 내가 꼭 필요했던 것처럼 보이더라는 것이다.

물론 나도 그럴 때가 있다. 그럴 땐 심호흡 한 번 하고, 정말 필요한가? 나 자신에게 되묻는다. 그러면 집에 이게 있었나, 없었나 머릿속으로 스캔에 들어간다. 그럼 다시 한번 마음을 가다듬게 된다. 짜증 나는 건, 이놈의 광고가 한 번 클릭한 뒤에는 잊을 만하면 계속 뜬다는 것이다.

분명 나는 이 브랜드를 좋아하지도 않는데, 이 명품이 빵 하고 뜨면 나도 하나 가져야 할 것만 같다. 왠지 내가 이거 하나 못 살 만큼 지금 어려운가? 혹은 나는 무엇을 위해 돈을 버는가 등등 되지도 않는 원론적인 고민 속까지 들어간다. 그거 없어도 그 가방 없어도 우리는 분명히 잘살았는데 말이다.

나도 그런 순간이 있었기에 그 마음을 잘 안다. 큰맘 먹고 10개월 할부를 걸어 좋은 가방을 하나 샀다. 물론 어디 공식적인 자리나 사람들을 만날 때 들고 가면 폼나니까, 하나쯤 있으면 좋을 만한 브랜드의 가방이었다.

그런데 사고 나서 생각했다. 이거 가지고 다닐 때도 없잖아? 일하느라 바빠 친구 만날 시간은 더욱 없고, 만나도 우리 식구들이랑 자주 놀고 친한 친구들만 만나는데 뭐, 누구한테 과시하려고 산 거야? 모르는 사람한테 "나 이 가방 있다?" 하고 자랑하고 싶었던 건가?

순간적으로 정말 내 자신이 한심하게 느껴지기까지 했다. 그래, 꼭 필요한 것만 사도 물건이 넘쳐나는 세상인데, 굳이. 물론 내가 사고 저질러봤기 때문에 알게 된 교훈일 수 있지만. 이제는 정말 아무것도 아니라는 걸 알아가는 나이인 것 같기도 하다.

그렇게 트랜드나 분위기를 따라가지 않으면 불안해하는 사람들이 있다는 것도 안다. 안 그랬음 좋겠다. 전혀 불안할 일이 아니다. 각자의 스타일이 있고, 각자 하고 싶은 게 있는데 왜 그게 불안하고, 시대에 뒤떨어지는 것처럼 느껴야 할까? 필요도 없는데 왜 거기에 소비를 해야 할까? 나는 그런 부분에서 조금 더 자유로워지면 좋겠다. 20, 30대에는 그럴 수 있다. 남의 이목도 중요하고, 뭔가 그 흐름을 따라가 보고 싶은 마음이 어쩌면 당연한 것 같다.

그런데 갈수록, 그렇지 않으면 큰일 나는 것처럼 아쉬워하고 불안해하는 마음은 이제 그만했으면 좋겠다. 그게 오히려 나를 힘들게 하고, 더 불안하게 만드는 일일지 모르니까.

억지로 고수하라는 것도 아니고, 무조건 좋은 것을 사는걸 자제하라는 것도 절대 아니다. 좋으면 할 수 있고, 마음에 들면 하면 되는데, 이

목 때문에, 분위기 때문에, 친구가 가지고 있으니 나도 하나쯤 있어야 할 것 같아서. 이렇게 휩쓸려가는 선택은 결국 좋은 선택은 아닐 것이다. 결국 내가 나를 제일 잘 알아야 하니까.

니 쪼 대로 해라 : "너의 뜻대로 해봐라."라는 뜻의 사투리. 네 마음에 드는, 네 스타일대로 나아가라는 뜻.

옥수로 새첩네

어느덧 아들이 나와 노는 것보다 친구들이랑 노는데 더 재미를 붙여간다. 그런 나이가 되어가고 있다는 뜻이다. 새롭고 신나고 자신들만의 문화가 즐거운 것 같다. 서운한 마음도 있지만 돌아보면 나도 그때가 얼마나 재미있었는지 반추하게 된다. 모든 것이 새롭고 신기하기만 했던 어린 시절 생각나기도 한다.

어느 날 축구를 하고 들어와서는 반짝거리는 두 눈으로 정말 신기한 걸 발견 했다는 듯 말했다. "엄마, 편의점 만두, 먹어봤어?"

그게 뭐가 대수롭다는 건가. 예전에 편의점 만두라 하면 물을 잘못 맞춰서 딱딱함 반, 부드러움 반에 이끌려 이게 만두인지 밀가루를 씹는 건지 알 수 없을 정도의 만두였는데. 저 두 눈의 반짝거림은 필시, 맛있다는 말을 하려는 입 같았다. 아니나 다를까. "엄마, 파는 만두랑 똑같아! 편의점 대박이야!" 만두도 맛있었겠지만, 친구들과 함께 먹는 맛은 더 꿀맛이었을 것이다. 자기들끼리 돈을 내고 계산하고, 전자렌인지에 데워 이제 다 되어 간다며 타이머를 보고 너무 뜨겁다며 "아 뜨거, 아 뜨거." 시시덕 거리며 웃는 시간도 즐거웠으리라.

저녁에도 그 이야기는 끝나지 않았다. "엄마, 물가가 너무 비싸. 천 원 가지고 나가니 만두는 어림도 없어. 좀 더 가지고 나가야겠어. 진짜 너무 비싸다. 그런데 맛있다."

새로운 경험이라는 건 침대에 누워서도 오래도록 생각나는 일인가 보다. 비싼 걸 알게 되었고, 맛있는 걸 알게 되었고, 아들에겐 오늘이 새로운 걸 많이 알게 되고, 자신이 몰랐던 인생의 지혜를 또 하나 배운 날이었다. 그런 아들을 물끄러미 보고 있자니 순간 부러웠다. 저 아이에 겐 모든 것이 새로울 때구나. 무턱대고 하는 경험도 아무것도 아닌 과자를 사 먹는 일도, 계산하는 일도, 전자렌인지를 기다리는 일도 다 새롭겠구나. 나에겐 모두 일상이 되어버려 떨림이나 설렘이 사라진, 오래된 일들이 그 아이에게는 두려움마저도 즐길 수 있겠다는 생각이 들었다.

그래, 어쩌면 지금 필요한 것이 그런 것인지도 모른다. 이 나이에 새로울 것도 없는 일, 새로울 것 없는 친구들, 혹은 만남 그리고 새로울 것 없는 나의 몸매. 그런 기대나 설렘이 줄어드는 시기인 것은 확실하다. 일하면서 만나는 식구들에게 자주 듣는 말이 있다. "내가, 이 나이에 뭘 한다고 가슴이 뛰겠냐?" "가슴 설레는 일들이 없다." 요즘 제일 많이 듣는 말이다. 그럴 나이고, 또 그런 상황이기도 하다.

해볼 거 다 해봤고, 나이는 들었고, 이제 뭐가 재밌을까? 고민되는 그런 나이. 그래서 나는 갑자기 설레기로 마음 먹었다. 어쩌면 지금이야말로, 진짜 안 해본 걸 해볼 수 있는 시기라는 생각이 들었다. 그리고 예전보다 더 잘 알기 때문에, 시행착오를 겪어도 쉽게 무너지지 않을 자신이 있는 나이가 되었다는 것이다. 새로운 설렘이 너무나 필요한 나이다. 한 번도 몸 만들기를 해본 적이 없다면. 남은 인생의 건강을 위해서라도 죽자 살자 건강에 뛰어들 수 있을 것이다.

촬영 중에 만났던, 한때 크게 아팠다던 인생 선배님은 왜 지금껏 내 몸이 소중한지 몰랐는지 모르겠다며, 보디빌더 대회에 도전하는 모습을 보여주셨다. 몸에 바르는 '탄'이라는 재료를 새카맣게 바를 때마다, 그 냄새에 환희가 올라온다고 말씀하셨다. "내가, 이 나이에 이런 몸을 만들 수 있다니." 하고 행복하다고 하셨다. 난 한 번도 가져본 적 없는 그 복근을 본 순간, 진짜 멋짐은 거기 있다는 걸 알았다.

지금껏 열정적으로 일해 본 적이 없다면, 프로가 될 절호의 기회가 바로 40대가 아닐까? 하는 생각이 든다. 나 살기 바빠서 누군가에게 베풀어 본 적이 없다면, 마음껏 봉사를 해 볼 수 있는 시기도 지금이라는 생각이 든다.

아직 미혼인데 누군가를 만나는 것에 있어 주저했다면, 더 나이 들기 전에 어떤 사람이라도 만나보았으면 좋겠다. 지금껏 혼자 40대를 일궈 온 사람이라면, 이제 누군가에게 기대보면 어떨까? 그것 마저 지나고 나면 추억이 되고, 그 안에서 인연이 생길 거라고 확신한다.

결혼 후, 아이를 낳아 내 시간이 없어진 사람이라면, 그것 또한 나에게 새로운 경험이다. "내가 언제 이렇게까지 나 말고 다른 이를 위해 이토록 나를 던져 본 적이 있던가?” 하고 자신을 내어놓는 것이다.

이제 어느 정도 육아가 끝나고 아이가 자란 부모라면, 한숨 돌리고 뭘 하면 좋을까? 내 인생을 뭐로 채워보면 좋을까? 고민할 시간이다. 때론 귀엽게, 때론 기쁘게, 때론 눈을 반짝거리는 호기심 가득한 아이처럼, 우리 법 테두리 안에서 할 수 있는 새로운 나만의 인생 역사를 또 만들어가자. 참 새첩은 나를 발견할 것이다. 오래 설렐 수 있는 것 만큼 인생의 즐거움도 드물테니까.

 : “엄청 귀엽다.”라는 뜻의 경상도 사투리, 귀여운 것을 보거나 이쁜 것을 만났을 때, 애교로 쓸 수 있는 감탄사 같은 표현이다.

05.

미래

소중한 순간마다 입버릇처럼

"지금 완벽하게 행복하다."라고 말하면 어떨까?

이자뿌지마라이

행복을 오래도록 붙잡고 싶은 순간이 있었다.

드라마 속 주인공처럼, 이 순간이 영원히 끝나지 않기를 바라는 시절이 있었다. 우리 모두 알지만 그런 시절은 영원하지 않다. 드라마도 끝나버리면, 몰입했던 배우들도 갈 길 가는 것처럼, 동화책이 끝나면 "행복하게 잘 살았습니다."라고 끝나지만. 그들은 싸워서 이혼했을 수도 있다. 부정적인 게 아니라 그저 현실을 알아가는 나이라고나 할까?

생각해 보면 어느 순간이든 "행복해! 너무 행복해 죽겠어."라고 말하는 사람은 많지 않다. "못 살겠다, 힘들어 죽겠다." 소리는 참 달고 산다. 그리고 "못 해 먹겠어." 소리는 더 자주 한다. 카톡 이모티콘도 행복보다는 파스스 부러지는

모습이나 더는 "못 해, 배째." 같은 이모티콘이
더 사랑받는다. 사는 게 녹록지 않고, 만만하지
도 않고 쓰다는 걸 우리가 더 잘 아니까.

　그럼 우리는 어디서 행복을 찾으면 좋을까?
나는 어느 순간 이렇게 생각했다. 영원한 행복
같은 건 어디에도 없고, 신기루 같은 거라면 우
리는 애를 쓰면서 행복의 찰나를 쌓아가야 하는
게 아닐까 하고. "죽겠다."라는 표현을 자주 하
면서 "행복해 죽겠다."라는 표현을 자주 안 하는
것도 습관일 수 있다. 그렇다면 잠깐이라도 좋은
시간이 있을 때 그것을 말로 다 표현하는 것이야
말로 진정한 행복의 표현이 아닐까?
　오랫동안 기다렸던 맛집에서 내 순서가 됐
을 때 "나 지금 맛있는 거 먹을 생각에 너무 행복
해." 기다리던 버스에서 내 자리가 났을 때 "앉
을 수 있어서 너무 행복해." 생각지도 못한 친구
에게 선물을 받았을 때 "나를 아껴주는 사람이

있네. 더없이 행복하다."라는 말로 찰나를 표현하며 내 마음의 속 기쁨을 느끼는 것. 그것이 진정한 행복이라는 생각이 많이 든다.

그런 생각들과 기분들이 모이면 나는 더 기쁜 사람이 되어 있을 것이고, 반대로 늘 부정적으로 "죽겠다."라는 표현에 접어들면 나는 내가 말하는 대로의 사람이 되어 있을 것이기 때문이다. 부모는 아이의 가장 가까운 거울이라는데, 그렇다면 내가 하는 말들이나 표현도 아이가 다 배우겠지. 그래서인지 나는 오버를 좀 많이 한다.

어쩌면 연기일 수도 있고, 부끄러울 수도 있지만, 더 많이 내뱉으려고 하고 있다. 아들에게 할 수 있을 때 사랑과 애정 표현을 아끼지 않기! 나의 목표다. 요즘은 "있자나, 할 말이 있어." 라고 하면 "알아 사랑하는 거."라고 자기가 먼저 대답한다. 부작용이네. 왕자병 납셨네.

하지만 아들이 알고 있다는 것만으로도 나는 기쁘다. 그리고 사랑받고 있다고 느끼고, 또 사랑을 주고 있다는 느낌 그 자체가 찰나의 행복인 것 같다.

예전에 본 어느 드라마에서 "너와 있는 게, 완벽하게 행복하다."라는 대사가 나온다. 나는 이상하게 그 말에 그렇게 눈물이 났다. 우리가 살면서 완벽하게 행복하다고 느끼는 순간이 몇 번이나 있을까? 그리고 그 순간을 입 밖으로 표현할 수 있는 사람이 과연 몇이나 될까?

지나면 모른다. 말 안 하면 모른다. 그러니 지금이라도 애쓰기보다 그냥 내가 소중한 순간마다 내 입버릇처럼 "지금 완벽하게 행복하다."고 말하면 어떨까.

그리고 온전히 한글 가사로만 된 노래, 성시경의 <너의 모든 순간>을 들으면 더 와닿겠지. "이윽고"에서 시작해서 "빈틈없이 행복해, 남김

없이 고마워.”라는 말이 우리를 또 위로해 주니까. 어색하고 오글거려도 한번 내뱉으면 우린 또 이 순간 행복해진다. 별거 없이 행복하고 거창하지 않은 그 느낌 그 자체도 행복이니까.

이자뿌지마라이 : 잊어버리지 말라고 당부하는 표현의 경상도 사투리. 표준말로는 “잊지 말라.”는 표현과 “잊지 마세요.” 정도로 쓸 수 있다.

지대면 어데 자빠지나?

이쯤 살면 지금까지도 진짜 못 고치는 게 있다. 바로 성격과 타고난 기질. 죽었다 깨나도 참 어렵다. 그저 남에게 자연스럽게 빌붙는 사람이 있는가 하면, 죽어도 남한테 부탁 하나 못하는 사람도 있다. 당신은 어디에 해당하는가? 나도 사실 부탁을 잘 못하는 사람 축에 들기도 한다.

어느 날 친구가 말했다. "넌 남에게 해를 끼치는 걸 너무 싫어하잖아." 맞다. 형제가 없어서 혼자 결정을 오래 해온 탓인지, 내가 먼저 결정하고 누구에게 해를 끼치지 않고 빨리 해결하려는 버릇이 된 것 같다. 이것도 기질이거나 성격이겠지.

그런데 상대가 서운해한다는 걸 알았을 때 미안하면서도 고마웠다. 누군가 내게 곁을 내어주겠다는 표현을 한다는 것. 참 감사한 일 아닐까? 그래서 이제 가끔은 부탁도 하고 "나 이거 해줄 수 있어?"하고 애교도 부려본다. 우리 나이쯤 되면 이제 하나둘씩 아프거나, 결혼식보다 부모님 부고 소식을 받는 일이 많아진다. 마음이 아플 일이 더 많아진다는 뜻이기도 하다. 동시에 누군가와 더 많이 친밀하게 기대며 살아갈 수 있다는 뜻이기도 한 것 같다.

아끼는 동생이 있었다. 뭐든 똑 부러지고 일도 잘하고 더 잘하고 싶어 하는 친구였다. 그러던 중 아버님이 갑자기 아프시다는 소식을 들었다. 나는 직접 듣지 못했고, 배우자를 통해 들었다. 직접 알리지 않는 것은 누군가에게 걱정을 끼치고 싶지 않다는 이유였다.

담당 의사 선생님을 알고 있는 지인이 있어

서 그래도 연결해 주려 했는데 극구 사양했다. 그리고 연락도 띄엄띄엄 받으려는 눈치였다. 순간 화도 나고 엄청 서운했다. 왜 저렇게까지 하는 걸까? 남들은 어떻게든 의사와 아는 사이이길 바라고 인맥을 동원하려 애를 쓰는데. 더 친하지 않은 사람들과도 어떻게든 연을 닿게 하려 하는 것이 인지상정인데. 왜 저러는 걸까? 의아하기까지 했다. 내가 아는 사람이 맞나 싶기도 했다.

나중에 아버님이 좀 나아지신 뒤 들어보니 동생은 스스로 누구도 믿지 않고 살았다고 했다. 나처럼 형제도 없고, 자신이 직접 본 것만 믿는 것이 진리라고 생각하며 살아왔다고 했다. 그래서 누군가 도와준다고 했을 때도, 도움을 어떻게 받아야 하는지 알지 못하고, 그걸 갚아야 한다면 어떻게 갚아야 할지도 몰라 차라리 아예 받지 않는 편이 낫지 않을까 생각했다고 한다.

나는 마음이 너무 아팠다. 무엇이 그 동생을 그렇게 마음 닫게 했을까? 살아온 과정에 우리가 겪는 무수한 상처와 아픔들이 더욱더 누군가에게 다가가는 걸 어렵게 만들었겠지만, 우리는 정말 홀로 살 수 없다. 나 홀로 음악을 듣고 나 홀로 밥을 먹을 순 있지만 그것도 한계가 있다는 것이다. 나이가 들면 더 외롭고 오히려 더 도움받아야 할 일이 많아질 수밖에 없다.

또 누군가에게 도움을 줄 기회도 많아질 수밖에 없다. 원래 타고난 기질과 성격을 모두 다 바꿀 수는 없어도, 받는 것에 익숙해지진 못해도 최소한 거절하지 않는 마음은 가질 수 있었으면 좋겠다. 나중에 갚겠다고 괴로워하지 말고, 그 마음이 또 다른 사람에게 흘러 선한 영향력을 끼칠 수 있다면 그걸로 충분하지 않을까? 막고 받지 못하면 남는 건 결국 멀어짐 뿐이다.

우리가 누군가의 마음을 진심으로 받을 수

있어야 그 마음을 다른 사람에게도 줄 수 있다. 내 생각대로만 가두지 않아야 다른 생각도 받아들일 수 있다. 그렇게 유연해져야 하는 나이가 마흔인 것 같다. "내가 생각했던 것이 전부는 아니었구나, 인간사 남의 일이란 없고 나에게도 닥칠 수 있는 슬픔이고 또 기쁨이구나."라는 걸 누리고 만날 수 있도록 바람이 통하도록 사방을 열어놓는 것이 너무나 중요한 나이인 것 같다.

혈관이 막히면 병이 오는 것처럼 우리의 마음이 막히면 누군가를 받아들일 여유가 없다. 누군가 손을 내밀면 "와, 고마워라, 나 그래도 잘못 살지 않았네."하고 나를 기뻐하면 어떨까? 누군가에게 부탁이 하고 싶어지면 너무 망설이지 말고 거절당하더라도 손 한 번 내밀면 어떨까? 그러면 그 사람이 오히려 흔쾌히 내 맘을 받아줄지도 모른다.

　　바람이 좋은 날은 기분도 좋고, 마음도 맑아진다. 내 마음의 청량한 바람 한 줄기는 누군가와의 말이 통하는 순간이다. 그 바람을 모두가 함께 느낄 수 있었으면 좋겠다. 누군가에게 기대면 혼자 자빠지지 않는다. 서로의 어깨를 보듬어 함께 더 오래 서 있을 수 있다.

지대면 어데 자빠지나? : 기대면 어디 넘어지냐는 뜻의 경상도 사투리.
기대면을 "지대면." "지대다." 라고 많이 표현한다.

얼반 지기네예!

여름휴가를 미국 서부로 떠났다. 워낙 오래 차를 타고 가는 일정이라, 타기도 전에 벌써 엉덩이가 아픈 기분이었다. 일을 엄청나게 하고 떠나는 휴가였기에 비행기에서 잠을 자야 할 정도로 바빴다. 가면서도 계속 생각했다. 이 일정을 과연 해낼 수 있을까?

무려 5,000km를 이동해야 하는데, 도착해 보니 우리 가족이 가장 어린 사람들이었다. 아뿔싸, 완전 어린애 소리하고 있었구나. 나보다 훨씬 인생 선배들이 이미 도착해 계셨다. 그중 우리가 가장 존경했던 분은 바로 여행 마지막까지 전혀 지치지 않으셨던, 73세 혼자 오신 언니였다. 오죽 건강하셨으면 30살 넘게 나이 차이가 나는데도 우리가 그녀를 '서초동 왕언니'라고 불렸다. 패키지여행이었기에 아침마다 출발 시간도 다르고 매번 다른 호텔에서 묵었는데, 서초동 왕언니는 달랐다. 5시에 모이자고 하면 4시 반에 로비에 나와 우아하게 커피를 마시며 메이크업까지 마친 상태였다. 다들 혀를 내둘렀다. 왕언니보다 나이가 젊은 아저씨들조차 무릎이 아파 못 가는 길을, 왕언니는 마치 축지법을 쓰듯 오르내리셨다.

"우와, 우와" 감탄하다 보니 벌써 5일이 지나 있었다. 슬슬 지쳐가는 눈치들인데 왕언니의 체력은 여전했고, 우리와의 여행이 끝나면 혼자 알래스카로 또 이동하신다고 했다. 이쯤 되니, 나를 보게 됐다. 나는 과연, 왕언니 나이에 저렇게 할 수 있을까?

일단 혼자 오는 것도 두려운데, 저렇게 좋은 체력을 가지고 이동할 수 있을까? 물론 나도 체력 하면 뒤처지지 않는 사람이긴 한데, 왕언니처럼 할 자신은 없었다. 엄청 젊었을 때 일을 많이 하셨고, 지금은 남은 인생을 돌아보며 새로운 것을 경험하는 중이라 하셨다. 그리고 무리가 되는 일은 하지 않으려 애쓰시고, 나를 돌보려 많이 노력한다고 하셨다.

그래, 어쩌면 우리는 매일, 마치 내일 죽을 것처럼 체력을 쓰는지도 모른다. 내 몸이 부서지는지 모르고 미친 듯이 일하고, 때로는 죽을 것처럼 놀다가 진짜로 일어나지도 못할 때가 있다. 내 몸의 적정선을 찾아야 하는데, 늘 과로하거나 무리해서 내 몸을 혹사하고 결국 아프고 괴로워한다. 이쯤 되면 몸이 축날 걸 알면서도, 육아에 일에 혹은 어쩔 수 없는 상황에 놓여 나를 돌보지 못하고 병원 신세를 지게 되기도 한다. 한 살 한 살 더 먹을수록 놀이보다는 병원에 가까워지는 건 어쩔 수 없는 듯하다.

그래서 '찰랑찰랑'이 중요하다. 이 찰랑찰랑이 무엇이냐? 소주잔이나 물컵에 담긴 물이 넘치지 않게 몸을 관리하자는 것이다. 이쯤 되면 "병 날 것 같아."하는 신호 정도는 우리가 감지할 수가 있다. 하지만 몸에게 이렇게 말하지. "조금만 더 버티자. 몸아! 조금만 더 견뎌줘!"

그럴 때 몸은 우리에게 "야, 나도 좀 살자!" 하는 신호를 분명히 보낸다. 그 신호를 미리 알아차리자는 거다. 그러면 넘어가지도 넘치지도 않게 아슬아슬하지만 번아웃이 오지 않도록 물컵에 물이 넘치지 않을 정도로 찰랑찰랑하게 내 건강을 지키는 것. 지금, 이 나이에 우리가 해야 할 일이다.

넘치면 자빠지는 것처럼 무모한 게 없으니 넘치지 않도록 지치지도 않도록 몸을 사리지도 않도록 찰랑찰랑 그렇게 유지해 나가는 것. 어쩌면 면역력 싸움과도 같은 거겠지. 그렇게 지켜오

셨기에 70이 넘으신 나이에도 '어머니'가 아니라 '왕언니'라는 말씀을 들으시며 여행하시고, 또 젊은 사람들의 본보기가 되시며 그렇게 여행을 즐기시며 노후를 보내고 계신 것이 아니겠는가?

그런 것까지 바라지도 않는다. 그 정도 될 자신은 없으니, 지금이라도 매일은 못 해도 일주일에 세 번은 운동하고, 쓰러지지 않고, "에고고고" 소리 내지 않으며 나빠지지 않을 만큼의 체력을 잘 아껴 쓰고 싶다. 그래야 놀기도 하고 글도 쓰고 일도 하지. 그러기 위해선 내 몸이 무엇을 좋아하고, 어디에 제일 민감하게 반응하고 무엇을 먹을 때 싫어하는지 정도는 알아가야 할 것 같다.

밀가루 못 먹는 날, 역지로 달래가면서까지 먹을 이유도 없고, 받지 않는 음식으로 내 몸을 고통 줄 필요도 없다. 그럼 더 내 수명만 단축하는 일이니까. 좋은 걸 먹으려 보양하려고 애쓰지 말고, 안 좋고 해가 되는 걸 내 몸에 주지 않는 것이 최선이다.

얼반 지기네예! : 너무 좋아 다 넘어가게 할 것 같다는 뜻의 경상도 사투리. "죽여준다." "최고다." 등의 표준어로 바꿀 수 있다.

저마이 무디나?

예민하기 그지없던 시절이 있었다. 누군가의 평가에 파르르 떨며 "내가 어때서? 넌 그렇게 잘났어?" 하고 눈을 흘길 때가 있었다. 못한다는 소리를 들으면, 잘한다는 걸 증명하기 위해 눈물을 뚝뚝 흘리면서 남보다 뒤쳐지지 않으려고 먼저 우다다다 뛰어나간 적도 많았다. 성격 탓도 있겠지만, 순간순간 평가를 받아야 하고, 내가 일하지 못하면 남에게 기회가 가는 직업 특성 때문에 더욱 예민하게 굴었는지도 모른다.

이쯤 되면 다 아는 이야기겠지만 프리랜서는 '프리'하면 그날로 끝이다. 내 몸 부서질 듯이 바빠야 조금 벌며 즐거이 일할 수 있다. 게다가 프리랜서는 휴가도 잘 없다.

한 번 여행이라도 가려하면 대신 방송해 줄

사람도 구해야 하고, 다음 섭외 때 뒤처지거나 짤리진 않을까? 눈치도 봐야 하는 직업이기도 하다. 지금도 방송 프로그램을 개편 할 때마다 선배의 말이 생각난다. "난 이 일을 오래 하면 이런 부분에 무뎌질 줄 알았는데, 나이 들수록 더 기분이 나빠. 도통 무뎌지지 않아." 그 말이 후에도 사무치게 아팠다. 그리고 나도 나이 들어 선배처럼 무뎌지지 않고, 계속 아프진 않을지 두렵다. 일을 사랑하기 때문에.

마음에도 살이 찐 걸까? 난 선배의 나이가 되었다. 그런데 다행히 조금은 무뎌졌다. 다행인지 불행인지 잘 모르겠지만, 솔직히 말하면 정말 다행인 것 같다. 예민하게 살아봐서 알지만, 예민하게 사는 일은 남도 피곤하게 하지만 내가 제일 피곤하다. 미간과 인중은 늘 화가 나 있고, 일촉즉발 무슨 일이라도 생기면 바로 일희일비한다.

오 분 전에 좋았던 기분은 오 분 후에 날아

가 버리고, 누구든 건드리면 가만두지 않겠다는 모드로 바뀐다. 그럼 자연스럽게 돌아보면 알게 된다. 나를 모두 피곤해하는 구나. 내 주위에 사람이 없어질 지경이구나. 아이를 낳고 결혼생활을 이어간 것 때문인지, 나이가 들어 한풀 꺾인 것인지 이 나이쯤 되니 일희일비하는 시간조차도 피곤하다. 그렇게 하는 것이 내 몸에 얼마나 독을 쌓는 일인지도 알게 되었다.

일을 사랑하지만, 일이 전부는 아니다. 일만 하다가 죽을 수는 없으니까. 그러면 너무 억울하잖아. 내 기분 때문에 상대에게 상처 주는 말을 했다고 치자. 돌아보면 이불킥할 일 투성이지. 그러면 내가 너무 미성숙하다는 걸 들키게 되는 거잖아. 거기다 내 기분 때문에 가족에게 화풀이까지 했다고 하자. 이거 뭐, 내가 중요한 게 무엇인지도 모르고 나이 든 사람이 된 것이나 다름없잖아? 이리저리 생각하고 이리 꼬아도 저리 꼬아도 이건 아닌 거지. 그러니까 무뎌지는 건 진짜 감사한 일이다. 그걸 좀 즐기자는 거다.

성공하지 않으면 죽는 줄 알았지. 무엇이 되지 않으면 큰일 날 것 같았고, 뒤처지는 것 같았지. 무엇이 된들? 유명한 사람들은 그 돈을 지키느라 바쁘고, 돈을 너무 많이 벌고 나면 하는 일은 TV에 나와 경찰서로 가거나, 먹을 것도 많은데 나쁜 걸 먹고 중독이나 되지 않으면 다행인 거다. 물론 잘사는 사람도 있다. 그들도 그들 나름의 고충이 있겠지. 누구라고 말하지 않아도, 심심찮게 TV에서 안타까운 모습을 만난다.

그래서 돈도 적당히 있어야 한다는 어른들 말은 틀린 말이 아니었다. 평범하게 사는 것이 가장 어렵노라 하시던 어른들 말씀은 진리였다. 성공에도 조금 무뎌지고, 내가 기분 나빠하던 많은 일들에 대해서도 조금씩 무뎌지면, 그제야 여유라는 것이 생기는 것 같다.

그렇다고 다 포기하고 대충 살라는 건 절대 아니다. 무뎌져야 할 부분은 그저 묻어두고 살아가도, 오히려 더 괜찮아 보일 때가 있다는 것이다. 무뎌진다는 것은 어쩌면 인생에 중요하게 여기는 포인트가 달라지는 것이란 뜻이 아닐까? 내가 집착하고 가장 중요하다고 여겨왔던 가치관들이 조금씩 무뎌지는 것이다.

그게 다가 아니라는 걸 알게 되는 것, 다른 말로 "그래, 그럴 수 있다." 아닐까. "어쩜 그럴 수 있어?"가 "그럴 수도 있다, 이유가 있었겠지."로 바뀌는 마법. 그래서 나이 드는 건 또 꽤 괜찮은 일인 것 같다. 이렇게도 저렇게도 누군가를 이해하는 법을 배우니까. 내가 조금은 진짜 어른이 된 것만 같으니까.

저마이 무디나? : 정말로 무디다, 조금은 둔하다는 뜻의 사투리. "예민하지 않다."라는 정도의 표준어로 바꿀 수 있다.

나는 청소 수준이 ADHD에 가깝다. 이걸 치우다가 저걸 벌리고, 저걸 치우다 여기 손대서 결국엔 스스로 나자빠진다. 한쪽만 치우고 나면 진이 빠진다. "다음에 해야지." 하고 돌아서면, 해놓은 건 벌써 더러워져 있다.

손은 빠르다. 그래서 밥을 차리면 누구보다 빠르게 요리를 해낼 수 있지만, 그것마저 지쳐 금방 나가떨어진다. 설거지는 반드시 바로 해야 한다. 밥하고 설거지를 하지 않은 채 있으면, 화장실 갔다가 안 닦은 기분이라 몹시 언짢다. 여행을 다녀오면 캐리어는 그 시간 안에 풀어야 한다. 안에 빨랫감이 들어 있는 건 참을 수 없고, 치우지 않고 자면 숙제를 안 한 것처럼 찝찝하다.

일주일이 지나도 안 치워도 상관없는 우리 남편은 여행 후 널브러져 있다가 나에게 몇 번이나 욕을 먹었다. 나는 캐리어를 지금 당장 치워야 하니까. 그래서 결론은, 내가 캐리어를 정리하면 남편은 캐리어를 닦는다. 몇 년이나 걸려 찾은 합의점이다. 이건 어디까지나 내 더러운 성질머리 탓이다. 잘하지도 못하면서 나만의 철칙이 있다는 것이다.

뭐 이것만 있을까? 더 있는데 지금은 생각이 안 나겠지. 난 지금 내 더러운 성질머리를 인정했다. 이건 되고, 이건 안되는, 거기까지의 내 성질. 그래서 남편에게도 말했다. "여보, 나 이건 못 고치겠어. 그냥 자기가 좀 따라줘." 처음부터 이렇게 말했으면, 애꿎은 캐리어 앞에서 싸울 일도 없었을 것을.

그리고 나는 다림질도 안 된다. 한쪽을 다리면 한쪽은 또 구겨져 있다. 신혼 초, 남편 와이셔

츠를 내동댕이치며 울었던 기억이 난다. "내가 다림질하려고 결혼 한 줄 알아?" 남편이 말했다. "왜 우는데? 세탁소 맡기자. 언제 다려 달랬니?"

너무 쪽팔리는 순간이었다. 그래, 맡길걸. 되지도 않는 현모양처 흉내 내려다 남편 때려잡을 뻔했네. 그래, 인정하는 거야. 내가 못 하는 거 바로 이거. 다림질, 제대로 된 정리정돈, 수납 안 돼, 죽었다 깨나도 안 돼. 차도 엉망진창이야.

난 내 차에 사람 태우는 게 미안스럽다. 왜냐면 개판 오 분 전이거든. 나도 깨끗하게 다니고 싶다. 근데 방송하고 다른 스케줄을 다니다 보면, 뒤에는 신발이며 옷이며 엉망진창, 앞에는 먹다 남은 음식들. 파리 꼬일 정도는 아니다, 오해 마시길. 치우긴 치우는데, 몰아서 치운다는 말이다. 그래서 누가 탄다고 하면 "오 분만 주십쇼!" 하고 후닥닥닥 트렁크로 다 집어 던진다.

이제는 말할 수 있다. 못하는 건 못한다고. 그래, 인정하자. 다 잘하는 척해야 하는 나이는 지났잖아? 안 그래? 남편한테도 못한다고 말하고, 온 천하에 소문을 내자! 그러면 나 대신 누가 좀 도와줄지도 몰라! 잘하는 사람보다 구멍 있는 사람이 더 매력적인 거라고. 너무 합리화한 건가? 아니다. 난 이거, 정말 맞는 거 같다.

한 명의 아이를 낳은 후, 아래로 쌍둥이가 생겨 본의 아니게 다둥이 마음이 된 후배가 있다. 하나밖에 낳지 못한 나는 후배가 너무 대단하기도 하고, 어떤 날은 힘들어 보이기도 해서 물었다.

"너 진짜 대단해, 아이도 잘 키우고." 후배가 코웃음 치며 말했다. "언니 장난해? 생겼으니 낳은 거지, 잘하는 게 어딨어?" "야, 무슨 소리야, 지금도 아이들 잘 큰 게 느껴지는데." 그러자 후배는 한 번 더 코웃음을 치며 나에게 귓속말로

전했다. "언니, 애들 들을까 봐 말 못 했는데, 육아 진짜 노잼이야. 노잼, 증말 재미웂다." 순간, 나는 빵 터졌다.

　정말 잘 키우는 것처럼 보였던 동생도, 사실 육아가 힘들고 재미없다는 거였다. 아이만 많을 뿐이지 좋아서 하는 건 아니란다. 그래도 인정하고 보니, 후배가 대견하고 귀여웠다. 그래, 다 잘해서 하고 있는 건 아니니까.

　친구 중에 남편보다 밥을 못하는 친구가 있다. 요리 잘하는 남자, 얼마나 매력적인가? 그런데 친구는 이상하게 그게 기분이 나쁘다고 했다. 자신의 자리를 남편이 뺏는 것 같기도 하고, 요리 실력으로 자신을 무시하는 것처럼 느껴진다고 했다. 그래서 남편이 아이를 위해 이것저것 멋진 음식을 만들 때면, 자기 자리가 사라지는 것 같다고 했다. 그렇다고 해서 자신이 요리를 하고 싶은 것도 잘할 자신이 있는 것도 아닌데,

그냥 그런 기분이 계속 든단다.

노노! 이거 버려야 한다. 이렇게 스트레스 받으면 나만 괴로워질 뿐인 거야. 이럴 땐 그냥 남편의 궁둥이를 팡팡 때려주면서 "아이고 잘한다. 우리 남편 내가 무슨 복을 타고나서 이런 남자랑 살지? 당신 음식 너무 맛있어! 난 아무리 해도 안 돼." 이런 식으로 더더더 남편을 구워삶아야 한다.

잘하는 건 치켜세워 주고, 더 잘하게 만들어 주고, 나는 그 시간에 아이의 공부를 봐주거나 내가 잘하는 일을 하면 된다. 여자는 이래야 하고, 남자는 저래야 한다는, 우리가 모르는 사이에 머릿속에 만들어 놓은 고정관념들이 날 괴롭힐 때가 있다. 그러면 누구 손해? 나만 손해다. 난 결혼할 때 시어머니께 당당히 말했다.

"어머니, 저 밥하는 능력 없지만, 돈은 벌어올 수 있어요! 남편에게 매번 맛있는 걸 해주진

못합니다. 저한테는 지금은 일단 돈 버는 기능만 있어요." 행여 며느리의 요리 솜씨를 바라시진 않을지 당당하게 용기 내어 말했다. 그로부터 십 년도 더 지났는데도, 그때 어머니의 말씀이 생각난다. "어차피 뚱뚱하니 한 끼 정도는 주지 말아라. 잘됐구나. 요리 덜 하는 게 건강 지키는 거다." 오호라, 속이 시원한 어머니의 멘트였다.

나이스! 그래, 우리 너무 완벽주의자 하지 말자. 그거, 나만 피곤하게 하는 일이니까.

내는 딱 고까진기라 : 나는 딱 여기까지라는 뜻의 경상도 사투리. 그 이상은 하기 힘들 것 같다고 스스로 인정하는 말이다. 표준어로는 "난 여기까지야." 로 자신의 깜냥을 인정하는 말로 바꿔 쓸 수 있다.

떠거븐 눈물이 항그난다

KBS 경남에서 2년 정도 당신을 응원하는 커피 차 <드립백>이라는 프로그램을 진행했다. 매주 다른 장소에 커피차를 몰고 찾아가, 다양한 직업 군의 사람들을 만나 그분들을 삶 이야기를 들으 며 응원한다.

매주 새로운 곳을 찾아가 몇 시간씩 남의 이야기를 듣는 일은 사실 꽤 어렵다. 직업이지만 그분들의 이야기를 잘 끌어내야 하고, 안 나오는 이야기는 쥐어짜야 하는 순간들도 있다.

인터뷰가 잘되는 날은 희열이 느껴지는 엄 청 기분 좋은 때도있다. 70회가 넘게 진행하며, 한 촬영에 못해도 15명 이상, 다양한 분야에 종 사하시는 분들을 만났는데, 이번 촬영은 유난히 남달랐던 것 같다.

경남 산청에 <성심원>이라는 곳을 방문했다. 아시는 분들은 알겠지만, 생소한 분들도 많을 것이다. 성심원은 1960년대 한센병 환자분들이 세상에서 소외되어 어쩔 수 없이 이주해서 그들만의 마을로 형성된 곳이다. 수녀님과 신부님들이 지금도 그들을 돌봐주고 계신다.

지금은 성심원으로 들어가는 강 위에 다리가 생겼지만, 1960년대에는 환우들이 이곳에 나룻배를 타고 들어오셨다고 한다. 배를 타고 들어오는 동안 그분들은 이제 내가 사회와 영영 단절된다는 고립감과 서러움을 느끼셨을 것이다. 다리를 건너는 것만으로도 눈물이 났다.

이곳에는 23년간, 매주 두 번 한의학으로 봉사하시는 한의사 김명철 선생님이 계셨다. 23년간 왕진 봉사하신 것도 모자라, 70이 다 되어가시는 나이에 선생께서는 아예 성심원 안에 한의원을 여셨다. 더욱 가까이서 환자분들의 통증을 치료하고 만나기 위해서라고 했다. 갑자기 나는 너무나 부끄러웠다.

40이 넘도록 봉사라고는 학교에서 시키는 것만 해왔고, 밥벌이에만 진심인 나와는 너무 다른 선생의 인생. 그분의 원동력은 도대체 어디에서 나오는 걸까? 선생께서는 원래 약사셨는데 약국에서 약을 팔 때도, 돈을 받고 하는 일인데도 마음이 불편하셨다고 했다. 그래서 손님에게 약값을 부르기가 마음이 버거워 틈틈이 한의학 공부를 해, 다시 한의사가 되셨다고 했다.

침을 놓을 때도, 돈을 받고 놓는 것보다 무료로 침을 놓을 때 마음이 더 행복하다고 하셨다. "어쩜 그럴 수 있으세요?"하고 물었더니 "한의사가 되면 나를 필요로 하는 가장 낮은 곳에 가서 섬기고, 의술을 펼치는 것이 목표였다."라고 하셨다. 그래서 다른 어려운 곳에서도 의술을 펼치시다가, 가장 어려운 곳이 성심원이라 생각해 이곳에 정착하셨다. "어찌 이리 오랜 시간, 누군가에게 도움을 주는 것에 익숙하시냐?” 물었더니, “조금만 내려놓으면, 내가 가진 욕심을 조금만 모으면 남도 같이 잘 살 수 있다.”고 하셨다.

모든 것이 내 뜻대로 될 것이라는 마음, 내 것만 가지겠다는 마음 말고 남도 돌아보고 내가 할 수 있는 것을 하면 그게 원동력이라고 하셨다. 눈물이 났다. 이런 마음을 가질 수 있다는 것도, 오랫동안 많은 사람에게 한없이 베풀 수 있다는 것도. 나로서는 너무나 어렵고 대단한 일이라는 생각밖에 들지 않았다.

성심원 안에 계신 한센병 환우분들은 선생을 내 마음속의 허준이라고 부르셨다. 가족도 돌보아주지 않던 내 인생과 마음을 어루만져 준 사람, 나를 있는 그대로 받아주신 사람. 그분이 바로 김명철 한의사님이라고 하셨다.

우리는 촬영을 마치고 또 그 다리를 건넜다. 식구도 나를 버리고 세상도 나를 버렸을 때 그분들이 건넜을 다리. 하지만 그 다리 건너에는 김명철 한의사님이 계시고 수녀님과 많은 수사님들의 사랑이 있었다. 우리나라는 이제 한센병 퇴치 국가가 되었다고 한다. 지금 남아있는 환우분들도 흉터와 상처만 남아있을 뿐, 더 이상 균을 가진 분들이 아니다.

현재 성심원에는 80명의 한센병 어르신이 계신다. 앞으로도 김명철 한의사님은 그분들과 함께 생활하며 살아가실 것이다. 지금껏 그래 왔던 것처럼, 선생님은 인터뷰 마지막에 나를 여기까지 오게 한 것은, 나를 이곳으로 밀어주는 알 수 없는 힘이 있다고 하셨다. 그 힘으로 여기까지 오게 되었다고 하셨다.

우리는 남은 인생을 어떤 힘으로 살아가면 좋을까. 선생님의 정신을 오롯이 따라갈 순 없어도 어떻게 하면 일희일비하는 욕심을 내려놓고, 있는 그대로 다른 사람을 받아들이며 나이 들어 갈 수 있을까? 그것을 고민하고 실천하는 것만으로 남은 인생을 충분히 잘 살 수 있을 것 같다.

떠거븐 눈물이 항그난다 : 뜨거운 눈물이 많이 난다는 뜻의 경상도 사투리. 감동 받았을 때의 눈물이 슬픈 눈물이 아니라 더 뜨겁다는 게 느껴지는 말이다.

그까이꺼

지금의 이 나이가 정말 무서운 나이라는 생각이 든다. 자신감은 바닥으로 떨어져 있고, 거울을 보면 예전 같지가 않다. 예전에는 어려 보인다는 말도 꽤 들었던 것 같은데, 지금은 제 나이로 보일까 봐 무서워지기도 한다.

체력은 어떤가. 예전에는 벌떡벌떡 일어나던 호랑이 기운들은 커녕, 그날 할 일이나 다 해내면 다행이다. 앉으면 눕고 싶고, 누우면 자고만 싶어진다. 그러면서도 뭔가를 해야만 할 것 같다. 그래서 더 움츠러든다. 무얼 할 수 있을까? 그걸 한다고 이제 와서 도움이 될까? 별생각이 다 든다. 생각은 꼬리를 물고 나를 말아 올리고, 결국 아무것도 못 하게 만들기도 한다.

괜히 나이가 원망스럽고, '4' 자가 내 앞에 붙었다는 것이 왠지 모를 불길함까지 가져온다. 하지만 그건 나 혼자만 겪는 일이 아니다. 모두가 그런 시기를 겪는다.

후배가 자기 아내 이야기를 꺼냈다. 아내에게 늘 대하던 것처럼 똑같은 톤으로 말해도, 이유 없이 계속 자기에게 화를 낸다며, 어떻게 해야 할지 모르겠다고 고민을 털어놓은 적이 있다고 했다. 갑자기 아내가 레깅스를 사고 싶다길래 "집에 있는거 아니야? 그게 필요해?"라고 물었더니, 아내가 버럭 화를 내며 "안 산다!!" 하고 집에 가버리더란다. 평소 같으면 "내가 쓰겠다는데 왜?"하고 말일을 그날은 눈물까지 흘리더란다.

너무 당황스러워, 후배는 평소처럼 했는데 도대체 무엇을 잘못한 거냐고 물었다. 또 다른 친구는 아내가 자꾸 창밖을 보면서 한숨을 쉬고, 뭐에 삐쳤는지 말이라도 해줬으면 좋겠다고 답답해했다.

웃으며 내가 말했다. "나랑 증상이 같네." "무슨 증상인데요?" "4짜 달았잖아." "네?" "니들 와이프 다 4짜 달았다고!! 지금 겁나게 마음이 답답하고 짜증 난다고!! 그러니까 그냥 지지해 주라고!" 물론 남자도 마찬가지일 거다. 오히려 중압감이 커지고, 부담도 생기고, 뭔가 잘할 수 있을까 하는 나이겠지. 하지만 마흔은, 여자에게 더욱 마음이 공허한 나이인것 같다. 그렇다고 아프다고 누워만 있을 수 있나. 다시 한번 생각해 보자.

그래, 내가 갑자기 "왜 이러는 거지?" 할 때쯤 생각해 보면, 사실 정작 일어난 일은 아무것도 없었다. 매일은 똑같이 흘러가고 있었고, 시간은 그대로 가고 주위 사람들도 그대로다. 문제는 내 마음자리가 나를 그렇게 만든 것이다. 그래, 사회 분위기가 날 그렇게 만들었는지도 모르지. 그래서 우린 늘 젊어져야 하고, 나이 들면 뒤처져 보일까 봐 어려 보여야 하고, 그렇지 못하면 뭔가 진 것만 같은 그 심정. 하지만 그걸 쫓아가다 보면 정작 나는 없지. 내가 있어야지. 어디로 가면서 어떻게 날 만들어 가야 할지 아는 내가 있어야 한다는 것이다.

생각해 보면 20대도 우리는 불안했다. 뭐든 할 수 있을 것 같았지만, 어려서 하는 실수가 더 많아 괴로운 날도 많았다. 30대는 어느 정도 일에 익숙해지고, 커리어우먼이 될 수 있을 것 같았지만 다양한 상황에서 흔들렸다.

그러니 흔들리지 않았던 때는 한 번도 없었다는 것이다. 그저 '4'를 달았다는 이유만으로 그 상황에 매몰되면, 또 한 번 무뎌지거나 더 의기소침해질지 모른다. 그래서 배워야 할 것은 더 적극적으로 임하고, 체력의 한계를 알게 될 때는 내 몸의 신호에 따라 움직이는 것도 매우 중요한 일인 것 같다.

불혹은 한자에서 "어떤 유혹에도 흔들리지 않는 나이."라 하지만, 이 나이는 오히려 가장 유혹이 많고, 제일 많이 흔들릴 일이 많은 나이라고 생각한다. 그래서 흔들리지 않는 나이라고 한 걸까? 너무 많이 흔들리니까. 조심하라고.

무엇이 좋은 것인지, 무엇이 나쁜 것인지 알기 때문에, 더더욱 좋은 길로 가고 싶다는 마음에 안달이 날 수밖에 없고, 나쁜 선택으로 내가 마흔을 보내게 될까 봐 더더욱 두려운 나이다. 나는 더없이 흔들리길 권한다. 나 역시 오늘도 매일 흔들리고 있다.

흔들린다는 것은, 아직 유연하다는 것이고 굳건하게 서지 않았단 의미다. 내가 굳어버리면 무엇이든 받아들이기 힘들 것이다. 그래서 흔들려야 한다. 더 많이 보고, 더 많이 경험했으면 좋겠다. 더 많이 부러워하고, 더 많이 좋아하면서

그 안에 진짜 나를 찾아 무수히 헤맸으면 좋겠
다. 그러다 보면, 답이 나오는 게 인생이니까.

오늘도 당신, 잘 흔들리고 있다. 까이꺼, 넘
어지지 않는 한, 가게 앞 풍선 인형처럼 옴팡지
게 흔들리자.

그까이꺼 : 그까짓거에 사투리. "그까짓 거 못할 게
뭐냐." "해보지 뭐." "못할 게 뭐가 있냐." 하는 뜻
의 사투리.

오랜만에 나보다 나이가 많은 어른들을 만나면 당황스러울 때가 있다. 누구 하나 젊은 사람들의 말은 들어주시질 않는다. 듣는 척하는 어른도 있으시지만, 살아오신 과정에 대한 것만 믿으시기 때문에 "니들이 뭘 알아?"라는 식의 대답이 돌아올 때가 많다.

요즘은 예전 같은 재테크 시대가 아니니까 너무 다양한 방법으로 돈을 모으는 사람들이 많다. 그래서 그런 이야기를 해드리면 위험하다고만 생각하시고 받아들여 주시지는 않는 경우가 많다. 어떤 정보를 드릴 때도 "너 그러다 큰일 난다. 조심해라." 하는 노파심 섞인 이야기가 돌아올 때가 대부분이다.

　　물론 어른들만 탓할 것은 아니다. 우리도 나이 들어가니까 이런 것을 받아들이기 어려운 나이가 분명히 올 것이다. 나이가 들어갈수록 사람은 자연스럽게 사고의 유연성이 떨어진다고 한다. 움직이는 것과 생각하는 것들이 예전처럼 팍팍 돌아가지는 않는다는 것이다. 몸이 굳어지는 만큼 생각도 굳어가는 간다. 그러다 보니 다른 이야기는 배척하게 되기 마련이다. 이 사고의 유연성이 떨어질까 봐 사실 나는 두렵다. 나이 드는 것보다 사고나 생각이 유연하지 못할까 봐 너무너무 두려워진다.

　　실제로 그런 일을 벌써 겪었다. 한 직업을 20년 넘게 하다 보니 새로운 스타일의 일에 대해 "그게 될까?"하는 의구심을 먼저 품게 된다. 세상은 내가 생각하는 것보다 넓고 다양한데, 내가 배운 것만을 먼저 지식으로 내놓게 되는 것 같다. 한 후배가 방송 경력이나 자신의 능력을 키우기보다 자신을 먼저 SNS로 띄워 실력을 포장하는 모습을 보았다.

우리 일은 보여지는 직업이다 보니 이해하기 힘들었지만, 그 덕분에 자신의 이름이 알려졌고 오히려 그런 활동 때문에 역으로 섭외가 들어오는 모습을 보게 됐다. 경력이나 실력이 부족해도 유명세를 한 번 타고 나면 사람들이 열광하는 시대가 된 것이다. 나에게는 사고의 유연성이 떨어지는 부분이었다. 내가 만들어서 일해 온 방법도 맞지만, 다른 사람의 방법에 대해 아는 것도 굉장히 중요하다. 물론 내가 잘 몰랐다는 사실 때문에 속상하기도 하고, 나는 왜 그러지 못했나 싶어 속상해지기도 한다.

인정해야 한다는 것은 늘 어려운 일이기도 하다. 그런데 이것이 좋은 자극이 되기도 한다. 내가 몰라서 못 했다고 생각하며 질투한다면 그건 그저 누군가를 시기하는 마음일 뿐이지만, 그

분야에 대해 나도 사고의 유연성을 열고 알아가는 것이 매우 중요하다는 생각이 든다. 세상은 지금 너무 다양하고, 또 점점 내가 배우는 속도는 느려질 테니까.

그 덕분에 나도 여러 가지 수업을 들으며 공부해 보니, 새롭게 배우는 것도 많았고 나에게 접목할 부분들도 많았다. 분명 사람과의 모든 인연은 설령 그 사람이 내 마음에 드는 사람이 아닐지라도 그 안에서 배우는 점이 있다.

어느 순간부터 인간관계가 좁아지는 것은 나와 마음이 맞지 않는 사람, 나를 기분 나쁘게 만드는 사람, 내가 보기 싫은 사람이라고 단정 짓고 더 마음의 문을 닫기 때문일지도 모른다. 하지만 일할 때 만나는 사람들은 어차피 계속 봐야 하고, 내가 그만두지 않는 이상 그들과 함께 가야 한다. 그렇다고 그들이 싫어 그만둔다면 나만 손해인 인생일지도 모르지 않을까. 그렇다면 그 사람을 안고 사랑하며 갈 수는 없어도 미워하는시간 대신 나의 유연성을 발휘해 배울 점을 찾아보는 건 어떨까?

물론 모든 걸 다 견딜 만큼 내가 멘탈이 강한 건 아니다. 미워해서 괴로워지는 시간보다 많이 알고, 많이 배우며 많이 들으려고 노력한다. 그게 오히려 나를 더 성장시키고 가꿔 나갈 수 있는 소중한 원동력이 되는 것 같다. 처음부터 나도 이게 잘되지는 않았다. 내가 살아온 만큼 더 많이 굳어져서 안 보고 싶고, 내 생각이 맞았으면 싶었다. 하지만 세상은 그리 호락호락하지도, 내 뜻대로 되지도 않으니, 모두를 바꿀 수 없다면 내가 좀 더 어른의 자리에서 나를 돌아보며 해나가는 것이 중요하다는 생각이 든다. 물론 너무 어렵지만 해볼 수는 있으니까.

끊임없이 비교되는 시대. 내가 나를 지켜가

기 위해서라도 공부든 인간관계는 아낌없이 투자해 보자. 그리고 지금 내가 가지고 있는 것이 답일 수도 있지만, 때로는 내가 만든 길이 답이 아닐 수도 있음을 인정하고, 고정관념들은 찢어버리자.

그리고 지금의 내 멋진 인생을 내 식대로 한번 찢어 놓자. 실패해도 새롭게 시작할 수 있을 때 해보자. 시도한다는 것 자체가 멋진 거니까. 그야말로 멋짐으로 째뿌라.

째뿌라 : 찢었다! "너무 멋있다." 라는 표현을 사투리로 하면 째부라. 찢어버려~라는 뜻으로 쓸 수 있다.

인자 알아보지 머

대학생 때부터 방송일을 시작해, 22년을 돌아보니 한 번도 쉬지 않고 일했다. 대학생 리포터로 일을 시작해서, 지금 매주 5개가 넘는 프로그램의 방송인이 되기까지, 나는 정말 기계처럼 일했다. 이제 툭 치면 멘트가 나온다고 후배들 사이에서 별명이 방기다. "방송 기계" 줄여서 방기.

나는 정말 기계가 되고 싶었다. 그만큼 내 일이 간절했고, 방송이 너무너무 좋았다. 로또가 당첨되면, 내가 매일 나오게 방송국을 차리는 게 꿈이기도 했다. "텔레비전에 내가 나왔으면 정말 좋겠네."가 진정한 나의 꿈이었나 보다. 그렇게 20대, 30대를 미친 듯이 달려 이루고 나니, 나는 약간의 꿈이 사라졌다. 정말 하고 싶은 것을 하게 되었으니 다음 플랜을 짜지 못하는 지경에 이르렀다. 그렇다고 방송을 죽을 때까지 할 수 있는 것이 아니기 때문에, 더더욱 매일이 간절한 일이기 때문에 나는 이 일만 보고 살아왔던 것 같다. 언제나 마음속으로 기도한다. "방송 온에어 불이 들어오면, 오늘이 마지막 방송인 것처럼 하겠습니다. 감사합니다."

어느 날 아들이 말했다. "아빠는 뭘 좋아하는지 알겠어. 책 읽는 걸 좋아하고, 영어 공부하는 걸 좋아해. 엄마는, 근데 뭘 좋아하지?" 나는 순간 너무 놀랐다. 내가 이렇게 하고 싶은 게 없는 사람이었나? 나는 취미도 없는 인간인가? 별의별 생각이 다 들었다. 생각해 보니 내게 방송이 취미이자 곧 놀이고 일이고 특기였다. 직업이 곧 놀이터이자 삶의 터전이었다.

취미하나 찾아볼 여력 없이 살았다. 찾을 만큼의 재미있는 것도 없었고, 돌아서면 새로운 방송을 하고 또 몰입했기에, 그러다 보니 40대가 됐다.

다른 사람들은 또다른 분야에서 나와 같은 마음을 가질지 모른다. 아이를 키우는 중이거나 육아에 지쳐 있거나 새로운 나를 만나다 보면, 왠지 모르게 다시 사춘기가 되는 것만 같은 나이가 바로 40대인 것 같다. 리포터 생활을 오래 하면서, 한 식당 어머니의 말씀이 정말 와닿은 적이 있다. "장사는 내일이 없다. 오늘 아무리 내가 피곤하다고 해도, 손님에게 맛없는 식사를 내놓으면 손님은 내일을 기다려주지 않는다. 그래서 장사가 어렵다." 명언이었다.

내 인생도 누가 날 기다려주지 않는다. 오늘 내가 할까 말까 망설였던 일들은, 내일이 된다고 누가 대신 떠먹여 주지도 않는다. 나는 오롯이 내가 모든 것을 결정하고 선택하며, 열심히 나아갈수 있지만, 게으르게 생각하면 한없이 게으르고, 그냥 흘려보내는 시간이 바로 40대인 것 같다.

시간이 없다고 생각하면 한없이 초조해지고, 이제 여유가 있다고 생각하면 마음이 제일 여유 있고 느긋해져 나태해지는 그런시기라 생각한다. 나는 그래서 이제 찾아보려고 한다. 아들이 물었던 질문에 일 말고 내가 무엇을 정말 좋아하고 하고 싶은 게 무엇인지, 사춘기 때보다 더 열심히 찾아보려고 한다. 그때는 어리고 너무 몰라서 헤맸다면, 이제는 가야 할 길도 알고, 예전 같지 않은 체력도 알고, 무엇을 하면 내 몸이 싫어하는 지도 안다. 그쯤은 알게 된 나이가 되었다.

　　나는 20대, 30대 보다 더 나를 알고 있고, 돌아가야 할 길도 볼 줄 아는, 아직 마음은 소녀지만 남들이 보기에는 어엿한 어른이 되었다.

　　이래저래 못했던 일들, 20대에 해야 할 일들 때문에 미뤄왔던 감정들, 30대의 바쁨 때문에 돌보지 못했던 나 자신을 다시 만나고 한 번 더 나를 안아주고 노력하려 한다. 알고 보면 누구보다 나를 더 사랑해 줄 수 있는 나이라는 것쯤은 이제 아니까.

　　지금까지 다른 사람의 시선, 남을 위해, 가족을 위해 열심히 살아왔다면 그렇게 최선 다한 나를 좀 안아주고 알아보자. 그리고 무엇보다 지금까지 잘해온 나에게, 지금도 무엇을 잘해볼지 고민하는 나에게 무한한 칭찬을 해주자. 칭찬도 인색하고 늘 더 잘해야 되는 것이 당연하다고 생각하게 만드는 이 시대에, 우리는 지금도 뚜벅뚜벅 길을 가려는 나에게. 칭찬해 주자.

"정말 잘했어."

앞으로도 더 잘할 나를 기대하면서.

인자 알아보지 머 : 지금부터 알아보자는 뜻. "인자"

는 "지금"을 뜻하는 사투리다.

글을 쓰면서, 무엇보다 지금이 가장 좋을 때라는 생각이 들었습니다. 덜 외롭고, 덜 질투하고 덜 욕심내는 시기가 된 것이 감사하다는 마음이 들었습니다. 물론, 그런 마음들이 열정을 식히거나 하던 일을 멈추게 하는 것은 아닙니다.

하지만 이제는, 불필요한 감정 소모를 줄이고 좀 더 행복해져야 하는 시기입니다. 행복해지려 하면 행복이 더 어렵다는 것도, 이제는 알고 있는 나이가 되었습니다. 그저 하루에 어떤 한 부분의 (행복으로)하루를 살 수 있는 그 소박함을 잃지 않는 것이 40대의 귀여움이라고 생각합니다. 누구를 미워하고, 누구를 욕한 적도 많았지만, 그 조차도 내 인생에 잘 살고 싶은 욕심이었음을 느끼게 됩니다.

20대에 전국을 다니며 광어, 우럭, 주꾸미를 잡으러 다니는 리포터로서 써낸 책 『내게 스무 살이 다시 온다면』으로 저는 20대 친구들에게 많은 강의를 하러 다녔고 "다시 태어나도 이렇게 치열하게 살고 싶다."라고 말했습니다.

30대에는 아이를 돌보며 100km가 넘는 거리를 방송국으로 운전해 가며 『나는 서른이 지나도 재미있게 살고 싶다』를 쓸 수 있었습니다. 서른은 더 재밌고, 행복하며 육아는 나를 다시 살게 한다는 이야기를 강의했던 기억이 납니다.

어느새 이렇게 40대가 되어, 세 번째 자기 계발 에세이를 세상에 내놓게 되었습니다. 여전히 저는 방송 기계라는 별명으로 전국 팔도를 돌며 열심히 일하고 있습니다. 그 사이 아들은 어느덧 초등학교 고학년이 되었습니다. 마음이 이상합니다. 이 나이가 될 줄 몰랐나 봐요. 그런데 저는

20대나 30대보다, 진짜 지금이 좋습니다. 이제야 조금은 저를 알 것 같거든요. 다른 감정에 휘둘리기보다, 진짜 나 자신을 보는 것 같은 때가 되어갑니다.

기다려 주신 독자님들도 계셨고, 처음 제 책을 접하시는 분들도 있을 겁니다. 40대라는 나이에, 더없이 즐겁고, 기쁘고, 치열하며, 싱그럽고, 유쾌하게 행복하시길 응원합니다. 저도 오늘을 또 잘 살아가겠습니다. 바쁘고 욕심 많은 저를 항상 사랑해 주는 남편 한성인, 아들 한효준, 그리고 양가 부모님들께 감사의 마음을 전합니다.

마흔은, 우리 인생에 더 없는 선물이에요.
쉬지말고 행복하세요!

이남미 드림

억수로 좋네 마흔

2026년 3월 30일 초판 1쇄 발행
글 이남미
일러스트 규하나 인스타그램 @kyuhana_
발행인 박윤희

발행처 도서출판 이곳   **디자인** 디자인스튜디오 이곳
등록 2018. 10. 8 신고번호 제2018-000118호   **이메일** bookndesign@daum.net
홈페이지 https://bookndesign.com   **팩스** 0504.062.2548
블로그 blog.naver.com/designit   **인스타그램** @book_n_design

저작권자 ⓒ 이남미
ISBN 979-11-93519-36-3(03190)

도서출판 이곳
우리는 단순히 책을 만들지 않습니다.
작가와 책이 마주치는 이곳에서 끊임없이 나음을 넘어 다름을 생각합니다.